1200冊のビジネス書を
読んで試した経営コンサルが

名著100冊から『すごい時間のつかい方』を抜き出して1冊にまとめました

Catch the key points
and summarize
good time management from
100 best books

大杉 潤

WAVE出版

はじめに

ビジネス書で学ぶ「すごい時間のつかい方」

現代のビジネスパーソンは、「とにかく時間に追われて忙しい」と、皆さん口を揃えて言います。とくに子育て中の若い世代には夫婦共稼ぎの家庭が多く、その傾向が顕著です。なぜ、私たちは今、そんなにも「時間がない」と感じるのでしょうか？

1つには、技術革新によって情報社会がどんどん進化し、私たちが触れる情報量が爆発的に増加していることがあります。処理すべき情報量が多すぎて時間が足りません。また、何が起こるかわからないVUCA《ブーカ》（Volatility、Uncertainty、Complexity、Ambiguity＝変動が激しく、不確実で、複雑で、あいまいな）時代と言われ、先行きがどうなるか予測ができない不透明な世の中になっているということもあります。さまざまな仮説を立てて準備しようとしてもキリがないのです。

技術革新の影響で言えば、映画のサブスク契約をしたために、「たくさん観ないともったいない」とばかりに多くの時間を費やしてしまいます。また、スマホでＳＮＳやネットサーフィンを続けていたらあっという間に時間が経っていたという経験がある人も多いでしょう。現在の世の中は、気づかないうちに「お金」よりも「時間」を多く奪われてしまう仕組みになっているのです。

一方で、人生は「時間をどう使うか」、すなわち「時間配分」の積み重ねです。１日24時間は誰にでも平等だし、１年３６５日というのも万人に共通です。

人生１００年時代と言われるように、平均寿命の延びとともに人生の持ち時間は長くなってはいるものの、有限であることに変わりはありません。その限られた時間をどのように使うのかが「人生そのもの」なのです。

私が最も尊敬する経営コンサルタントで、早稲田大学の先輩でもある大前研一氏は多くの著書に、「人が変わる方法は3つしかない」と書いています。以下の3つです。

1. 住む場所を変える
2. 付き合う人を変える
3. 時間配分を変える

「この3つでしか人は変われない」と述べているのです。最近の本で言えば、『第4の波 大前流「21世紀型経済理論」』（小学館）という本の終盤に出てきます。この本は、1980年にアメリカの未来学者であるアルビン・トフラーが書いた『第三の波』の続編という位置づけで、亡くなったトフラーの友人として、「もし彼が今、生きていたらこういう未来予測の本を書いただろう」と大前氏が想像して執筆したものです。第1の波が「農耕革命」で、狩猟採集の遊牧生活から人類は定住生活に変わりました。第2の波が「産業革命」で、工業生産による大量生産・大量消費と工場労働というライフスタイルに変わりました。第3の波が「情報革命」で、現在の情報社会の到来を、トフラーは1980年にすでに予測していたと評価されています。

大前氏が提唱している第4の波は「**AI・スマホ革命**」で、情報社会がさらに進化した形と定義しています。この進化した情報社会では、AIによって生み出された膨大な空き時間を私たちがどう使うかが問われます。人間の「時間配分」の選択肢が飛躍的に増え、大きな格差を生むことになるだろうと予測されています。大前氏の「人が変わる3つの方法」のうち3番目の「時間配分を変える」が、これから最も大切になってくるのです。ビジネスでも人生でも「時間のつかい方」が大きなポイントになってくるのが、これからやって来る「進化した情報社会」なのです。

ここで私、大杉潤の自己紹介をさせていただきます。私は57歳のときに33年9カ月間の会社員生活を卒業して独立起業し、現在65歳のフリーランス9年目になります。研修講師、経営コンサルタント、個人コーチング、ビジネス書作家、ラジオ出演など複数の仕事をしております。早稲田大学政治経済学部を卒業して入った日本興業銀行（現みずほフィナンシャルグループ）で22年間、銀行員をしていました。その後、東京都へ転職して石原慎太郎都知事（当時）のもとで新しい銀行（新銀行東京）を立ち上げるプロジェクトの創業メンバーとして4年間を過ごしました。さらに転職を重ねて国際会議の運営会社に2

年、メーカーに5年9カ月、会社員として勤務しました。最後の会社となったメーカーは西日本に本社があったため単身赴任しており、家庭の事情で単身赴任ができなくなって転職先も見つからなかったので、思い切って独立してフリーランスとして仕事を始めました。

私の新入社員時代からの趣味が「ビジネス書の多読」で、年間約300冊のビジネス書を読んで、その中味を実践してみるというのが大好きで、毎日やっていました。これを40年間、今も毎日続けていますので、これまで累計でざっと12000冊のビジネス書を読破したことになります（年間300冊×40年間＝12000冊）。

最初は銀行員でしたので、経営・ファイナンス関係の本が多かったのですが、いろいろなビジネスジャンルに興味があり、キャリア形成、働き方、読書法、整理術、文章術、勉強法、時間術、人生設計のほか、ハワイ、健康、スピリチュアルなど、幅広い分野の「ビジネス書」を読破してきました。私の能力開発、転職、起業など、これまでのキャリア形成や人生設計は「すべてビジネス書から学んだこと」の結果と言っても過言ではありません。

10年前の2013年9月から、毎日1冊ビジネス書を読んで、その書評をブログに書いて公開するという活動を始め、ブログ開設から7年間は本当に毎日1冊ビジネス書を読んで、その書評をブログにアップしていました。今現在も、毎日ではないものの頻繁にブログの更新を続けていて、気づけば10年間で3300冊以上の書評がブログに掲載されています。

そこで本書では、私がこれまで40年間で読んできた累計12000冊のビジネス書の中から、「すごい時間のつかい方」が書かれている名著100冊を厳選して、その要点を整理して1冊の本にまとめる、ということを試みました。「時間のつかい方」について書かれた本といっても、そのテーマは多岐にわたり、提唱している原則、ノウハウ、メソッドなどはさまざまです。それらを、私が実践して効果があった6つのテーマ（ジャンル）に分類・整理し、各書籍で提唱しているキーワード（キーフレーズ）とともに紹介・解説する形を取りました。

まずここで全体像として、6つのテーマとキーワードを示しておきます。1テーマごとに1章の構成とし、全部で6章立てとなっています。

1. **仕事のキホン**▽ダンドリ、効率化、スピード、タスク管理、生産性、ハック、仕事術、時間術
2. **ワークライフバランス**▽時間配分、優先順位、捨てる、自分時間、デジタル・DX・AI仕事術
3. **マインドセット**▽モチベーション、行動力・すぐやる、思考力、習慣
4. **キャリア形成**▽専門性、希少性、差別化、働き方、チーム成果、アウトプット
5. **幸せの実現**▽夢、目標、幸せな働き方、問題解決、生きがい、人生のミッション
6. **ライフシフト**▽人生設計、人生の後半、生涯現役、生涯貢献

本書で取り上げた100冊の選定基準は、すべて私が読破してその中味を実践し、効果があったものだけに絞り込んでいます。近年の激しい環境変化に対応する観点から、できるだけ出版年月の新しい書籍を優先しましたが、古典的な名著で時代が変わっても通用する普遍的な価値をもつ書籍も入れてあります。

出版年別の書籍数の内訳は古い順に、以下の通りとなっています。

1996年 1冊
2007～2015年 8冊
2016～2020年 36冊
2021年 6冊
2022年 18冊
2023年 31冊

以上のように、2022年、2023年の最近2年間で約半数の49冊となっています。
また、各章（主要テーマ）別の書籍数内訳は、「はじめに」と「おわりに」に各1冊のほか、次の通りとなっています。

第1章　仕事のキホン 17冊
第2章　ワークライフバランス 15冊

第3章　マインドセット　17冊
第4章　キャリア形成　18冊
第5章　幸せの実現　16冊
第6章　ライフシフト　15冊

ただし、各章（テーマ）への各書籍の配分は、私が読み込んで感じた「主要なテーマ」と理解したもので行っています。当然ながら、各書籍で扱っているテーマは1つではなく、多くが複数のテーマに言及しています。すべてのテーマにまたがって記されている書籍もあります。したがって、主としてどのテーマにウエイトをかけて書かれたものかを私が理解した基準で分類したということで、あくまでも目安としてお考えください。

本書の構成についてですが、6つのテーマは「時間軸」によって、短期・中期・長期の3つに分かれます。第1章・第2章は、短期的な視点で、いかに効率よく仕事を進めて成果を上げるか、生産性を高めるかにフォーカスしています。20代、30代のビジネスパーソンに役立つ書籍やノウハウが多く含まれます。

第3章・第4章は、20代から50代まで幅広いビジネスパーソンに最も関心の深い中期的な視点で、思考力、習慣化、差別化を軸としたキャリア形成に役立つ内容を中心にしています。

第5章・第6章は、全世代にわたって役立つライフシフト戦略の全般を扱っており、長期的な視点での夢・目標の実現、幸福、人生設計について深く考察しています。

各章で紹介している書籍は、そのすべてを要約したり、引用したりしているわけではありません。各書籍のポイントを、**キーワード**や**キーフレーズの形で箇条書き**にして記載し、読者の皆さんが効率的にインプットできるように工夫しています。本書で抜き出したポイントは、あくまでも私自身が実際に実践して効果があったもの、または現在も実践し続けているものを取り上げています。キーワードやキーフレーズは、そのまま書籍で使用された言葉を使用しているものもありますが、多くは私がわかりやすく整理したり、言い換えたりしています。今回紹介した他の書籍でも共通して提示しているキーワードやキーフレーズも多くあり、紹介した箇所の書籍だけで提言しているポイントではないことも併せて理解していただければと思います。

また各章の最後に「コラム」として、とくに強く共感して、私の「時間のつかい方」、「キャリア形成」、「人生設計」に大きな影響を与えている名著を1冊ずつ取り上げて、より詳細に紹介しました。

「時間のつかい方」をテーマに、数多くの著書を出版している作家に関しては、代表的な1冊または最新刊の1冊のみを取り上げることにしました。今回選定した100冊以外にも「時間のつかい方」に関する良書は数多くあることを最初にお断りしておきます。ビジネス書が大好きな私としては、まだまだ紹介したい良書がたくさんあります。

しかしながら本書で選定した名著は、それだけ厳選した100冊であり、毎月多数出版されるビジネス書の中で、私自身や私のコンサルティング現場（法人および個人）で実践して効果があった書籍として**自信を持ってオススメできる名著**ばかりです。本書1冊を読んでもらえれば、**100冊分の叡知を丸ごと効率よくインプットできる**ようにわかりやすく解説しています。

なお、この本は必ずしも最初から順番に読んで最後まで読み切るといった読み方をする必要はありません。自分が興味あるテーマだけをピックアップして読んでいただいてもわかる構成になっています。

本書1冊を読んでいただくだけで、**100冊分の「すごい時間のつかい方」**についてそのポイントを理解し、実践することで大きな成果を得られると思いますが、各名著の内容をより深く知りたい方のために、巻末に各章（テーマ）別に一覧にした**〈「すごい時間のつかい方」のビジネス書100冊〉**を掲載しました。どの本を読んでも「ハズレ」はないと自信を持って推薦できる書籍リストです。皆さんの困っていること、悩んでいること、興味関心あるテーマに合わせて、ぜひご活用ください。

時間は有限です。良い人生を送るには、いかに時間を味方にできるかなのだという思いを、皆さんと共有していきたいと思います。

目次

Contents

第1章

仕事のキホン

Basics of Work 23

ダンドリ｜効率化｜スピード｜タスク管理｜生産性｜ハック｜仕事術｜時間術

第2章

ワークライフバランス

Work Life Balance

時間配分　優先順位　捨てる　自分時間

デジタル・DX・AI仕事術

第3章 マインドセット Mindset 87

モチベーション｜行動力・すぐやる｜思考力｜習慣

第4章

キャリア形成

Career Development 117

専門性｜希少性｜差別化｜働き方｜チーム成果｜アウトプット

第5章

幸せの実現

夢｜目標｜幸せな働き方｜問題解決｜生きがい｜人生のミッション

Realization of Well-being

第6章 ライフシフト Life Shift

人生設計―人生の後半―生涯現役―生涯貢献

ブックデザイン　新井大輔
カバーイラスト　わかる
ＤＴＰ　fukufuku
校正　株式会社ぷれす

Catch the key points and summarize
good time management from 100 best books

第1章

Basics of Work

仕事のキホン

ダンドリ	効率化	スピード
タスク管理	生産性	ハック
仕事術	時間術

仕事のスピードを上げる

多くの「時間のつかい方」に関する本の中で、最もシンプルな原則は「仕事のスピード」を上げることです。スピードを上げれば多くの仕事をこなせるし、それはすなわち、「生産性」を上げるということ。それこそが「仕事のキホン」というわけです。

この第1章「仕事のキホン」と次章「ワークライフバランス」の時間軸は、今まさに現在であり、短期的な視点になります。

「スピード」を前面に出した本としては、『残業ゼロ！仕事が3倍速くなるダンドリ仕事術 デキル人が実践している77 TIPS』（吉山勇樹著、明日香出版社）があります。この本は、図や写真をふんだんに使って仕事の**ダンドリの大切さ**を説いたものですが、とにかくわかりやすく説明されています。入社間もない新入社員や若手会社員が読んでもすぐ実践できる内容が好評で、２００８年の刊行以来、15年を超えるロングセラーになっています。かつてヤクルトスワローズでプロ選手として活躍した野球評論家の古田敦也氏も、野球やスポーツも含めて「すべての仕事や生き方に関わる考え方」が学べる本として推薦しています。「デキル人」が実践している77のティップスから成っていて、「ダンドリ上手は巻き込み上手」「事前の根回しがダンドリの肝」など、仕事のスピードを上げるには**ダンドリが生命線**であることがわかります。

それに近いコンセプトとして仕事の順番にフォーカスしているのが**『仕事の「質」と「スピード」が上がる仕事の順番』**（田中耕比古著、フォレスト出版）です。「タスクの順番」を変えるだけで効率、生産性、成果は大きく変わると説いていて、「仕事の順番」を意識することが最も大切な「仕事のキホン」だとしています。

仕事ができないのは能力がないからではなく、「仕事の進め方」を間違えているからだと説明しています。具体的には、仕事を進める基本の型**「GRAPH（グラフ）」**を提唱しています。それは次の5ステップです。

1. **Goal（目的・目標を定める）**
2. **Route（道筋・打ち手を考える）**
3. **Agreement（すり合わせる）**

4. Progress（実行する・進捗を管理する）
5. Harmonize（調和させる）

このGRAPHは、仕事を進める目線の切り替えの順番でもあります。

仕事のスピードにフォーカスした本で、実践的なノウハウが身につくのは『**無駄ゼロ、生産性を3倍にする 最速で仕事が終わる人の時短のワザ**』（伊庭正康著、明日香出版社）です。リクルートグループに入社後、法人営業職においてプレイヤー部門とマネジャー部門の両部門で年間全国トップ表彰を4回受賞したのち独立起業した伊庭氏の実践知が惜しみなく披露されています。「時短に対する主導権」を持つことこそ、人生、仕事の勝利者になる、という強い思いを込めて、短時間で成果を出せる仕事のワザ（＝時短の基本）をマスターするためのノウハウを書いたものです。

この本で紹介されている「時短の基本テクニック」で、私が実践してとくに成果が上がったのは次の5つです。

1. 「主作業」にパワーを集中させ、「付随作業」「ムダ作業」は人に任せる
2. ムダをやめるＥＣＲＳ（イクルス＝排除・統合・変更・単純化）
3. 「時短ゲーム」は、「締め切りの主導権」で決まる
4. 短時間で結果を出す「Focus & Deep」
5. つまらない仕事でも、「ＴＫＫ（楽しく、簡単に、効果を確認）」で集中

とくに共感してすぐに実践し、大きな効果をもたらしたのは、3です。会社組織においては、経営者以外は原則として指示や依頼に基づいて仕事をすることになりますが、依頼や指示を受けた瞬間に「締め切りをどう確認・決定するか」が時短の最大の鍵を握ります。ぜひ、自ら主導権を握って締め切りを決めるようにしましょう。ここで依頼者の言いなりになってしまうと、自分のペースやダンドリで仕事を進めることが難しくなります。

また、つまらない仕事というのはどんなポジションにいても必ずついてくるものですが、これを**「ＴＫＫ（楽しく、簡単に、効果を確認）」**で集中して行うというのは目からうろこが落ちるノウハウでした。仕事のスピードを上げるにはリズムが大切になるとい

うのが私の経験から得た実感です。TKKを活用すると、つまらない処理仕事にもリズムが生まれ、スピードが大きく上がりました。ぜひ、あなたも試してみてください。

アメリカのマイクロソフト本社でWindows 95の開発を手掛けた伝説のプログラマー・中島聡氏が書いた『なぜ、あなたの仕事は終わらないのか スピードは最強の武器である』（文響社）では、最強の武器であるスピードを上げる方法として、**「ロケットスタート時間術」**を提唱しています。これは納期までの最初の2割の時間で仕事の8割を終わらせてしまう、という時間の使い方です。とにかく仕事は最初の2割の時間のスピードが大切だということです。

これは通常、8：2の法則あるいはパレートの法則と言われるもので、あらゆる分野に当てはまる普遍的な法則として知られています。たとえば、会社の売上も利益も、その8割は上位2割の社員が叩き出したものです。また上位2割の主力商品が稼いでいるとも言えます。つまり、全体像をしっかりと押さえたうえで、最も重要な2割にフォーカス（集中）することで、全体の8割はカバーできるという法則なのです。仕事のスピードを上げるのは、開始してから2割の時間で8割方の仕事を終わらせてしまうスタートダッシュがポイントだということでしょう。

私が22年間仕事をしていた日本興業銀行は、2002年に第一勧業銀行・富士銀行とともに三行統合し、みずほフィナンシャルグループとなりました。そのスタート直後から大規模なシステム障害を起こし、その後20年にわたってシステム統合が長引き、経営の大きな足かせとなりました。その後もシステム障害を繰り返し、最後は金融庁による業務改善命令を出される結果となったのは皆さんもご存じでしょう。

この三行システム統合失敗の最大の原因が、統合を決めた直後にどの銀行の基幹システムをベースにシステム統合を行うかという意思決定ができなかったことです。そもそも短期間で行うシステム統合は、もともとあるどこかのシステムに片寄せして統合するのが常識であるにもかかわらず、三行三つ巴の状態が続き、どこも譲らないまま統合のためのシステム開発が開始できず、無為に時間が過ぎてしまいました。

迅速に意思決定をしたうえで、スタートダッシュとして最初の2割の期間でシステム全体の8割を構築し、残りの2割は、8割の期間を使って開発にあて、テストや検証を繰り返しながら慎重に進めていくのが、本来あるべき仕事の進め方です。システム開発にあたっている担当現場からは何度もデッドラインを超えていると警鐘を鳴らしていたにもかかわらず、3トップが主導権争いに明け暮れ、意思決定ができずにいた結果が、前代未聞のシステム障害を引き起こした真の原因でした。

ここまで大規模な失敗事例は少ないでしょうが、仕事の進め方のキホンとしてスタートダッシュの原則はとても大事ということです。

効率化に必須となるタスクの整理と管理

では、仕事のダンドリ、順番（進め方）やスタートダッシュにおいて大切な要素は何でしょうか？　それは仕事の全体をタスクに分解して整理し、その進捗管理をしていくことです。『佐藤可士和の超整理術』（佐藤可士和著、日経ビジネス人文庫）では、「整理」のプロセスを次の通り紹介しています。

1. 状況把握▽対象（クライアント）を問診して、現状に関する情報を得る

2. 視点導入▽情報に、ある視点を持ち込んで並べ替えて、問題の本質を突き止

3. 課題設定▽問題解決のために、クリアすべき課題を設定する

佐藤さんが行うクリエイティブ・ディレクションの仕事は、ドクターが患者を診断して処方箋を書くプロセスと基本的には同じで、まずは対象のクライアントを問診して、現状を把握することが出発点です。

一番のポイントはその後で、**「独自の視点」**を持ち込んで問題の本質に迫る部分です。問診によって把握した情報は、さまざまな情報が羅列してあるだけの混沌とした状態なので、それを**「整理」**していきます。

たとえば、情報を並べ替えたり、プライオリティをつけていらないものを捨てたりすることで、あいまいな部分をなくしていきます。これがこうだからこうなる、というふうに関係性を見出し、整合性が取れるように整理していくのです。つまり、問題の本質を突き止めるために、情報の因果関係をはっきりさせていきます。そのために不可欠なのが、自分なりの視点を導入することです。

そのうえで、課題を登るべき山と考え、登るコースを見極めていくのが最終設定にな

ります。

つまり、①全体像をつかむ状況把握、②独自の視点を入れた整理と本質理解、③クリアすべき課題設定というタスク整理・管理のプロセスが大切なのです。

ただし、この「タスク管理」については多くの人が誤解しており、正しく進めることができる人が少ないと指摘しているのが『なぜか仕事が早く終わらない人のための図解超タスク管理術』（佐々木正悟著、あさ出版）です。この本では、タスク管理における4つの誤解を以下の通り挙げています。

1. タスクを洗い出せばうまくいくと思っている
2. タスク管理＝スケジューリングだと思っている
3. マルチタスクで乗り切れると思っている
4. 長期計画はゴールから逆算するべきだと思っている

1は、当然ながらタスクを書き出しただけでは、それがうまくいくということはありません。ところが書き出しただけで安心してしまい、なかなか行動に移せない人が多いのです。

2は、タスク管理をカレンダーだけで行っている人が多く、ミーティングなどの「予定」と「タスク」をきっちり区別するのがタスク管理の基本なのに、それができていない人が意外にも多くいます。

3のマルチタスクですが、たとえば以下のようなイメージが思い浮かぶのではないでしょうか？

◆電話をしながら書類整理を進める
◆企画について考えながらメールの返信をする
◆複数のプロジェクトを並行して進める

皆さんにもいずれかの経験があるのではないでしょうか。「このように、人はマルチタスクをいろいろな意味で使っており、知らないうちにマルチタスクの罠にハマり込んでいることがあります」と著者の佐々木氏は指摘しています。

マルチタスクの罠とは、どんなに優秀な人や天才でも、一度に1つのことしか実行できないということなのです。

4の長期計画は、未来のことについては誰もわからないため、気にしすぎることがないよう、タスク管理は短期に集中すべきとしています。

また、タスク管理というと、得てして「仕事に追われる」という感覚になりがちなのではないでしょうか？　そうした方へのメッセージが満載で、**「マニャーナの法則」**を紹介している『仕事に追われない仕事術 マニャーナの法則 完全版』（マーク・フォースター著、ディスカヴァー・トゥエンティワン）という本があります。

「マニャーナの法則」とは、仕事においてつねに1日分のバッファーを設ける考え方で、次のポイントがあります。

- **オープン・リストは新しい仕事が無制限に追加されるのでNG**
- **クローズド・リストを活用すれば、全体の仕事量を適切に管理できる**
- **「明日やる」を基本とし、クローズド・リストを使う**

◆**手間のかかるタスクは、細かいタスクの集合体**
◆**毎日発生する仕事は、デイリー・タスク・リストで管理する**
◆**ファースト・タスクは１つだけ、朝一番に取り組む**
◆**１日で必ずやるとコミットしたなら、仕事に優先順位をつける必要なし**

つまり、「マニャーナの法則」とは、仕事を効率的に進めるシステムであり、タスク管理がスムーズにできない、抵抗がある、苦手意識があるという人にはその突破口となるものです。

また、**『SINGLE TASK 一点集中術「シングルタスクの原則」ですべての成果が最大になる』**（デボラ・ザック著、ダイヤモンド社）でも、目の前のタスクに一点集中する**「シングルタスク」**を強く推奨しています。

生産性の向上とは、時間最短化と成果最大化

仕事はスピードを上げるだけではなく、できるだけ短い時間で成果を最大化する必要があります。時間最短化と成果最大化ですが、それは「生産性の向上」と定義されています。過重労働が社会問題となったことを契機に、我が国では「働き方改革」が大きな潮流となり、「生産性の向上」が企業経営のメインテーマになってきました。日本の賃金が「失われた30年」の間、ほとんど上がっていないのは、他の先進国と比べて「生産性が低い」からだと言われています。

では、生産性を向上させるにはどうすればいいのでしょうか？　それはまず、思考から始めなくてはなりません。『時間最短化、成果最大化の法則 1日1話インストールする〝できる人〟の思考アルゴリズム』（木下勝寿著、ダイヤモンド社）では著者が、「同じスキルでも、成果が上がる『考え方のクセ』と、上がらない『考え方のクセ』が確実に存在する」と述べています。そして、短時間で成果を上げ続ける黄金法則として、合計45の法則が紹介・解説されています。

その中で私が実践してとくに成果が出たのは以下の６つの法則です。

◆成果＝スキル×思考アルゴリズム
◆緊急度より重要度を優先
◆壁は乗り越えられる高さでしか現れない
◆人のせいにしない
◆成功確率70％でチャレンジの法則
◆ゆとりや幸せは今すぐ手に入る

これらはすべて「考え方」の法則です。「スキルの差はあっても3倍。一方、『思考アルゴリズム』は最大50倍にもなる」というのが著者のメッセージです。そこで「思考アルゴリズム」をインストールする45の法則を紹介したのがこの本です。

「生産性」についてここまで極めて実践した人がいるのかと驚かされる本が、**『世界一の生産性バカが1年間、命がけで試してわかった25のこと』**（クリス・ベイリー著、ＴＡＣ出版）

です。著者のクリス・ベイリー氏は、2社の内定を辞退して、1年間、AYOP（=A Year of Productivity =生産性の1年）というプロジェクトを実施し、そこから得られた結論として、**「25の生産性向上作戦」**をまとめました。

1年365日で具体的に行ったことは次の通りです。

- **生産性に関する書籍や学術誌の記事を片っ端から読み、名の知れた研究は深く掘り下げた**
- **生産性の専門家に取材し、彼らがどのような毎日を送っているか確かめた**
- **生産性に関する実験をできるだけ多く行い、自分が実験台になって本当に役立つか調べた**

そのほかにも、普通ではやらないような生産性に関連するユニークな実験を行った結果、著者が提唱する**「25の生産性向上作戦」**を実践すると次のようなことができるようになった、と言います。

1. 仕事上の重要なやるべきこと（＝タスク）を見極められる
2. それらのタスクを効果的にこなせる
3. 忍者のように抜かりなく時間を管理できる
4. ダラダラと先延ばししないようになる
5. 頭を使って働ける
6. 集中力を高められる
7. １日中頭をスッキリさせることができる
8. 今まで以上に活力を蓄えることができる

まさに、いいことずくめなのです。

では、これらを実現できる「25の生産性向上作戦」とはどんなものでしょうか？　ここでは、その中から私が実践してみて効果が得られたものを紹介します。

◆生産性が上がる時間帯
◆やるべきことを俯瞰する

◆**シングルタスクを徹底させる**
◆**マインドフルネスと瞑想の効果**
◆**睡眠こそ最強の武器**

最も効果があったのが、最初に挙げた**「生産性が上がる時間帯」**です。これは個人差もありますが、成功者がその要因として、脳の疲労が少ない「朝時間の活用」を挙げることが多いことから、多くの皆さんが目にしていることでしょう。もちろん私も何度も目にしていましたが、あらためて朝時間の活用を徹底してみたら、成果の上がり方に驚きました。

具体的には、寝る時刻を少しずつ前倒しに切り替え、朝4時台に起床するようにしてから、とくにクリエイティブな仕事の生産性は飛躍的に高まりました。これは、最後の2つ**「マインドフルネスと瞑想の効果」**および**「睡眠こそ最強の武器」**とも関連する作戦になります。

また、この本でも**「シングルタスクを徹底させる」**がリストアップされていたのが印象的でした。

日米の企業における「生産性」に対する考え方の違いを書いた本で興味深いのが『生産性 マッキンゼーが組織と人材に求め続けるもの』（伊賀泰代著、ダイヤモンド社）です。日本企業とアメリカの企業では、優秀な人材に求める資質や育成法に違いがあり、それは「リーダーシップ」と「生産性」の2つにある、と言います。

とくに生産性について、マッキンゼーでは昨年と今年の「生産性の変化率」を重視して評価を行うそうです。それだけ、つねに生産性を意識した仕事のやり方を追求しているのです。一方で、日本企業は売上や利益など成果（アウトプット）にはフォーカスするものの、分母である労働の投入時間にはあまり関心が向きません。人口減少による労働力不足が進む現代の日本では、労働投入時間を意識せざるを得なくなることから、この環境変化はむしろチャンスになるということです。これからは嫌でも「生産性」を意識した働き方をせざるを得なくなるでしょう。

働き方を変える切り札は「デッドライン」

どうすれば毎日定時に帰っても仕事で成果を上げられるかという1つの解を示しているのが『デッドライン仕事術 すべての仕事に「締切日」を入れよ』（吉越浩一郎著、祥伝社新書）です。著者の吉越氏は元トリンプ・インターナショナル・ジャパンの社長として、19年連続増収増益を達成した経営者で、自分の仕事の効率を高めるだけでなく、部下の仕事を管理し、スピードを上げさせるのにも、抜群の効力を発揮する**「デッドライン仕事術」**を提唱しています。

この本で定義している「デッドライン仕事術」のポイントは次の2つだけ。

1. 毎日、「お尻の時間」を決めて仕事をする（ダラダラ残業禁止）
2. すべての仕事に「締切日」を入れる

この2つは、**「就業時間も仕事も、すべて締切を設定する」**と1つにして言い換えることもできます。これだけシンプルなルールにしているからこそ、継続して実践することができるのです。

心理学的に見ても、人間には**「締切効果」**というのがあって、残り時間が限られていることで集中力が高まることはよく知られています。私自身も、研修登壇の準備や本書の原稿執筆など、デッドラインを設定することで集中力が高まる「締切効果」をいつも実感しています。

こうした仕事の進め方はもちろん、自分ひとりでもすぐに実行できるものですが、組織で管理手法として採り入れることにより、組織全体の効率が飛躍的に向上する、ということです。これを徹底することで吉越氏は経営してきたトリンプ・インターナショナル・ジャパンを19年連続増収増益に導いたのです。

「残業せずに給料が上がる人」になるための８つの習慣を紹介・解説した**『毎日定時で帰っても給料が上がる時間のつかい方をお金のプロに聞いてみた！』**（井ノ上陽一著、サンマーク出版）では、デッドラインを設定することを含めて、以下の３つの「時間管理」を行うことで定時に帰りながら給料も上げていける方法を提唱しています。

1. 時間を制限する（セイゲン）
2. 時間をずらす（ズラシ）
3. スピードを加速させる（カソク）

つまり、デッドライン設定により「時間を制限する」ことに加え、「時間をずらし」たり、「スピードを加速させ」たりすることで、「働く時間が短い」ほど年収が上がる循環をつくっていくのです。

私も実際にやってみましたが、最大のコツは、**「好きなこと」に時間を使えば、仕事の効率は断然よくなる**、という著者の経験をそのまま真似ることでした。嫌なことをダラダラ残業してこなすのではなく、デッドラインを自分で決め、集中力を高めて仕事時間を短くし、ほかの好きなことに時間を使うサイクルを自ら確立していくのです。時間の主導権を自ら握ることが給料を上げていくことにもなるそうです。

仕事のキホンを幅広く説いた名著に学ぶ

これまで述べてきた**仕事のダンドリ、効率化、スピード、タスク管理、生産性**などをすべて含めて、総合的に**仕事のキホン、仕事術、時間術**を解説している本で、私が実践して効果のあったものを本章の最後に紹介します。

まず、変化が激しく先行きが予測できないＶＵＣＡ時代の仕事のキホンを解説した**『本当は大切なのに誰も教えてくれないＶＵＣＡ時代の仕事のキホン』**（河野英太郎著、ＰＨＰ研究所）があります。

この本は、時代に遅れたくないと思っている（＝これからの仕事のやり方に悩んでいる）方に向けて、「ちょっとした仕事の工夫」をすることで、生産性が劇的に向上し、これからの時代を生き抜くヒントになることを伝えてくれます。

ＶＵＣＡが仕事に与える影響の最たるものは**「ビジネスサイクルの短縮」**であると指摘し、生産性の向上が重要になると述べています。それは分子を増やす（時間を固定して、より多く成果を上げる）のではなく、分母を減らす（成果を固定して、より少ない時間で達成する）という考え方で働くことがポイントであり、合理的だとしています。

そのための具体的な手法を同書では紹介していますが、私が実践して効果のあったものは以下の通りです。

◆「なくしたい仕事」を挙げる
◆分解して時間を見積もる
◆「手戻り」をなくす
◆小さなゴールを設定する
◆窮地に立っても「笑顔」
◆自分への投資をする
◆教える立場を経験してみる
◆過剰なストレスからは逃げろ
◆考えを発信すれば、自然と仲間が集まる

いずれも「ちょっとした工夫」をすることで、分母の投入時間を減らすことにつながります。自分への投資や考えを発信して仲間を集めることは、成果が上がるまで時間がかかりますが、こうした仕事のキホンを継続することにより、環境がいかに変化しても生き残って働き続けることができるでしょう。

外務省に入省し、主任分析官として対ロシア外交最前線で活躍、その後東京地検特捜部に逮捕、勾留され、執行猶予期間が終了した現在は、数多くの著書を持つ作家として活動している佐藤優氏。その佐藤氏が、組織の全体主義や理不尽などにじっと耐えているだけでは生き残れない令和時代の生存戦略を提示しているのが、**『佐藤優直伝！最強の働き方』**（佐藤優著、自由国民社）です。

格差が拡大する資本主義社会において、会社の中で理不尽な思いをしても、簡単に会社を辞めて転職してはいけない、と佐藤氏は説いています。とくに転職したくなったら、次の言葉を噛みしめておくといいでしょう。

◆**多少嫌味を言われようが会社を辞めてはいけない**
◆**仕事の目的は休むことだ**

◆労働っていうのは、人間にとって本来喜びである
◆私たちは、神様からいただいた適性や能力を使って、社会に貢献している

会社の中で理不尽な評価を受けて、ひどい扱いをされた場合、私たちはつい感情的になって辞めたくなるのですが、しっかりと準備と戦略を整えてから行動すべきです。私も転職を3回して合計4社で働いてきましたが、それぞれで理不尽な思いをしました。ただ、3回の転職と、最後は独立起業するために会社を辞めることになりましたが、いずれも佐藤氏のアドバイスのような気持ちをしっかりと持って冷静に準備をし、キャリア戦略を考えたうえで行動しました。どうしても理不尽な扱いを受けると、私たちは自己肯定感を下げてしまいますが、本来仕事は楽しくやりがいがあり、社会に貢献するものなのです。佐藤氏の拘留された体験と比較すれば、私の落ち込みなどはたいしたことはないと思えてきます。皆さんも辛い思いをしたときは、この本のアドバイスを思い出してみてください。

本章の最後に、総合的な「時間術」を教えてくれる本を2冊、挙げておきます。1冊

目は、２００１年にドイツで発行されて世界的なベストセラーになった、『Simplify your life-Einfacher und glücklicher leben』（邦題『すべては「単純に！」でうまくいく』）という原書を改題・新装版として出版された『世界で一番シンプルな時間術』（マリオン&ヴェルナー・ティキ・キュステンマッハー著、ディスカヴァー・トゥエンティワン）です。ヴェルナー・ティキ・キュステンマッハー氏は、ドイツ生まれのプロテスタント牧師で、フリーランスのイラストレーターや著述家としても活躍されている人物です。

この本は、**時間に対する見方を根本から変える**ことを説いていて、「物事をシンプルなやり方で行い、ストレスの少ない、幸せで充実した生活・人生を送ろう」を基本テーマに、そのためのアイデアやヒントを発信しています。「基本姿勢」は、時間とうまく付き合うことです。

そのための秘訣として、次の５つの視点・技術を提唱しています。

1. 時間をとらえる新たな視点
2. 時間管理の技術
3. 時間と仲良くなる技術

4. スケジュール管理の技術
5. オフタイムから活力を得る技術

具体的な「時間」とうまく付き合うテクニックやノウハウを数多く紹介していますが、とくに実践して効果のあったものは以下の通りです。

- **どんなに忙しくても、体を動かす時間をとる**
- **時間に支配されない空間を持つ**
- **すべてのことに対処しようと思わない、優先順位を守る**
- **静かに考える時間を持つ**
- **何よりもまず、朝のひとときを大切にする**
- **お風呂で瞑想をする**

どれもシンプルな行動ですが、意識して行わないと、私たちはついおろそかにしてしまう習慣でしょう。忙しいときこそ、思い出してみてください。

もう1冊、総合的な「仕事の原則」を教えてくれる本として、『**47原則 世界で一番仕事ができる人たちはどこで差をつけているのか？**』（服部周作著、ダイヤモンド社）を挙げておきます。

詳しくは、本章最後のコラムにて内容を紹介しますが、世界一のコンサルティングファームであるマッキンゼー・アンド・カンパニーで、リーダーたちが実践するマニュアルにない成功法則を、**「47の原則」**としてまとめ、提唱した書です。

ここで紹介されている「47の原則」は多岐にわたるため、コラムでそのポイントを解説します。いずれも示唆に富む内容なので、興味ある分野を見つけて実践してみてください。

Column 1 「仕事のキホン」の名著ピックアップ

『47原則　世界で一番仕事ができる人たちはどこで差をつけているのか？』

（服部周作著、ダイヤモンド社）

著者の服部周作氏は、カナダ・マギル大学商学部卒業、政府奨学生として国立台湾大学卒業（経営学修士）、マッキンゼー・アンド・カンパニーにて、アジア、北米、ヨーロッパなど7カ国における先端技術産業、ハイテク産業、メディア産業分野のプロジェクトに従事したのち、2015年に独立、日本語と英語を母国語として中国語にも堪能な経営コンサルタントです。

2015年11月に、『THE McKINSEY EDGE』（McGraw-Hill Education）をアメリカで刊行して話題となり、それを本人自らが邦訳したのがこの本です。

世界一のコンサルティングファームであるマッキンゼー社で、リーダーたちが実践するマニュアルにない成功法則が、**「47の原則」**としてまとめられています。

自らがマッキンゼーにおける世界7カ国のビジネス現場で随時メモして体得してきた内容に加え、尊敬するビジネスパーソン約20人にヒアリングを実施して**「できるリーダーたちが習慣づけている、マニュアルにない暗黙知」**を「47の原則」に整理して公開しました。

47の原則は、大きく10のテーマに分かれていて、最初に**「自己改善」**にフォーカスした以下の3テーマが取り上げられています。

1. 先手を打つ
2. 平常心を保つ
3. 多面的にとらえる

ポイントはシンプルで、「先回りして考えること」や「辛い時期を乗り越えること」、そして「将来の成功を最大限引き出せるように、あるべき自分の姿をより具体的に描くこと」が大切だと説いています。

続いて「自分のチームや、その他の利害関係者に影響力を行使する方法」が取り上げられ、3テーマに分けて解説されています。

4. コミュニケーション上手になる
5. 共感する
6. チームメンバーへの思いやりを持つ

つまり、チームとして最大の成果を上げたい場合、あなた自身に費やすよりさらに多くの努力を相手に傾けることが重要だ、ということです。熱意がなければ他人を育てることはできません。

残りの4テーマは以下の通りとなっています。

7. 生産性を極限まで高める
8. 持続的な成長を実現する
9. リーダーを際立たせる卓越した思考力
10. 書くことの価値を説いたマービン・バウアー

生産性については、現在の仕事のプロセスを構造化し、補完する便利なツール、つまり高い生産性を実現するための具体的な手法を紹介しています。さらに、

「なぜ」「どのように」と自問し、自分の考えを掘り下げるために、紙に書き出すことを提唱しています。

　マッキンゼーの設立者、マービン・バウアーは経営コンサルティングの祖と言われる伝説の経営者で、**「上手に書くことで考えを研ぎ澄まし、本質を引き出すことができる」**と、**書くことの価値**を繰り返し説いてきました。

　同書で提唱している「47原則」の中で、とくに私が実践してその効果に納得したものを以下に紹介します。

1. きつい仕事は午前中に片付ける
2. アウトプットをイメージする
3. 前半戦が勝負、序盤に全力を注ぐ
4. ストレスのあるときほど笑う
5. 目標は野心的に、行動は計画的に
6. 自分から話すより、聞き役に徹する
7. 真っ先に相手とつながる共通の話題を見つける
8. To-Do リストを4つに分類する
9. 新たな人生に対する心構えを持つ

　最後に、各章の冒頭に掲載されている中から、著者が「座右の銘」として大切にしている言葉の一部を記しておきます。ビジネスパーソンとして、つねに心に留めておくべき味わい深い言葉です。

「道を知っていることと、実際にその道を歩くことは、別物だ」

（モーフィアス／映画『マトリックス』より）

「生産性とは決して、偶然の産物ではない。常に全力で極上をめざし、綿密な計画を立て、集中して取り組むことから生まれる努力の賜物である」

（ポール・J・マイヤー）

Catch the key points and summarize
good time management from 100 best books

第2章
Work Life Balance

ワークライフバランス

| 時間配分 | 優先順位 |
| 捨てる | 自分時間 |
| デジタル・DX・AI 仕事術 |

第1章では、いかに仕事のスピードを上げて効率化するか、そのためのタスク管理や生産性向上についてお伝えしてきました。この第2章も1日24時間をいかに使うのかという時間配分、優先順位、何を捨てて自分の時間を確保するのかという短期の時間軸で「時間のつかい方」を考察します。

第1章との違いは、前章ではダンドリ、順番、考え方など、時代を超えて通用する伝統的な手法、仕事のキホンを取り上げたのに対し、本章では、情報社会において処理すべき情報量が激増する中で、いかに自分の時間を確保していくかというバランスや、ＡＩをはじめとするデジタル技術、ＤＸなど技術革新の成果をどう活用するかにフォーカスしています。

第1章・第2章ともに短期的視点で、「時間のつかい方」を考える良書を紹介・解説している点は共通ですが、時代の変化を超えて変わらない原則が第1章、時代の変化に対応して新たに出てきた原則を第2章で取り上げています。

１日の時間のつかい方を設計する

　１日24時間は誰にでも平等に与えられた時間ですが、それをどのような「つかい方の配分」にするかを論じているのが、『**自分の時間 1日24時間でどう生きるか**』（アーノルド・ベネット著、三笠書房）です。この本の結論は、「**時間を征するものが人生を征する！**」ということで、そのために大切なことは「**バランスのとれた賢明な１日を過ごせるかどうか**」だとしています。

　１日24時間をいかに生きるか、というヒントが全編を通じて具体的に紹介されていますが、私がつねに心に留めて実践し、効果を上げていると実感するアドバイスは以下の通りです。

- **朝の１時間は夜の２時間以上の価値がある**
- **あなたにはたくさんの「空白の時間」が与えられている**
- **人生のすべては、時間の利用の仕方次第で決まる**

◆はじめから「大きな変化」を求めてはいけない
◆無意識が生み出す膨大な「もったいない」時間
◆通勤時間という「誰にも邪魔されない時間」
◆週3回の夜90分が、あなたの心を豊かにする
◆思考を集中するひとときを持つ
◆読書好きなあなたへ―人生に大きな「利息」を生むアドバイス
◆財布にはまっさらな24時間がぎっしりと詰まっている

こうした著者ベネット氏のメッセージに影響を受けて、私は朝4時台に起床して、朝食までの間にクリエイティブな仕事を行うようになりました。驚くほど効率が上がります。2倍どころではなく3倍以上と感じるほどです。

また、会社員時代は毎日の通勤時間をつねにビジネス書の多読に当てていました。そのために通勤時間を退屈や苦痛と感じたことはなく、むしろ楽しみでさえあったのです。

さらに、私たちは無意識に膨大な時間を消費してしまっており、「もったいない」というのも実感します。とくにスマホでSNSやネットサーフィンに夢中になっていたり、

ネットゲームにはまっていたりする人も多くいます。そうならないために、「思考を集中するひとときを持つこと」は大切なのでしょう。こうした時間を意識的に持つことで、１日の「時間のつかい方」を内省することができます。

私の心に最も響いた言葉は最後の２つ、**「読書好きなあなたへ――人生に大きな「利息」を生むアドバイス」**と**「財布にはまっさらな24時間がぎっしりと詰まっている」**。前者は、ビジネス書の多読が趣味の私の背中を大きく押してくれました。後者は、**「１日の時間のつかい方」**が人生を決めるほど大切で、それはつねに私たちの選択にかかっていることを忘れずにいさせてくれる言葉です。

人気社会派ブロガーのちきりん氏が「仕事よりも自分優先で生きる方法」として、自らの経験から習得した考え方を提唱しているのが、**『自分の時間を取り戻そう ゆとりも成功も手に入れられるたった１つの考え方』**（ちきりん著、ダイヤモンド社）です。

この本は、①残業ばかりで限界の管理職、②家庭と仕事の両立に悩む母親、③働き詰めのフリーランス、④会社が伸び悩んできた起業家といった４人の働き方を事例にして、すべての人に共通する**「忙しさの本質」**を分析し、その対処法を解説している書です。

そして「ちきりん流・自分の時間を取り戻す具体的な方法」として、次の5点を挙げています。私もすべて実践しています。

1. 1日の総労働時間を制限する
2. 業務ごとの投入時間を決める
3. 忙しくなる前に休暇の予定を立てる
4. 余裕時間をたくさん確保しておく
5. 仕事以外のこともスケジュール表に書き込む

さらに、「全部やる必要はありません!」と宣言して、以下の4つの手順を提示しています。

1. 「すべてをやる必要はない!」と自分に断言する
2. まず「やめる」
3. 「最後まで頑張る場所」は厳選する

4. 時間の家計簿をつける

とくに最後の提言は、**「時間のつかい方を見える化」**することであり、自分の時間を確保するにはとても大切な第一歩になります。

捨てること、絞り込むことが大切

ちきりん氏の「自分のアタマで考える」というスタンスに強く共感して、著書の中でもたびたび引用されている立命館アジア太平洋大学（APU）前学長、出口治明氏の**『「捨てる」思考法 結果を出す81の教え』**（出口治明著、毎日新聞出版）も多くのヒントを与えてくれます。

この本は、主に20代から40代のビジネスパーソンに読んでもらうために、「世の中で起こることのすべては、トレードオフの関係にあります。何かを得ようとすれば、何かを捨てなくてはなりません。人生もビジネスにおいても同じことです」と述べて、**「捨て**

る」ことの重要性を具体的な例を示しながら解き明かしている書です。
私がビジネスや人生において、とくに参考にして実践しているアドバイスは以下の通りです。

- **トレードオフとは優先順位を見極めること**
- **リーダーは器を空にせよ**
- **こだわりを捨てれば仕事はうまくいく**
- **人生も旅と一緒で、身軽なほうが絶対に動きやすい**
- **人間はみなチョボチョボ、格好をつける生き方を捨てる**
- **「タテ・ヨコ・算数」で色眼鏡を捨てる**
- **長時間労働を捨てれば、イノベーションが加速する**
- **定年制を捨てれば、高齢者は健康でいられる**
- **たくさんの本を読み、広い世界を旅して、多くの人と出会うこと**
- **本屋という世界を旅する楽しさ**

とくに最後の3つは、定年でひとり起業をして生涯現役の働き方、ライフスタイルを理想とする私の考え方と同じで、強く共感しています。著者の出口氏はさまざまな著書で**「本・旅・人」**が人生の中で最も大切だと繰り返し提唱されています。

捨てて絞り込むことの大切さを説いた名著が、『**大切なことだけやりなさい**』(ブライアン・トレーシー著、ディスカヴァー・トゥエンティワン)です。この本は、何事においても**「フォーカル・ポイント(焦点)」**、すなわち**「もっとも大切なポイント」**を見極めることが、現代における成功と幸福の実現ための「もっとも重要な原則」であると説明しています。著者は、アメリカのたいへん著名なスピーカーのひとりであり、ビジネスコンサルタントの権威でもあって、その豊富なビジネス経験から導き出された原則は説得力があり、多くの人々に影響を与えています。

その**「もっとも大切なフォーカル・ポイント」**を見極めて集中する原則に基づいて、以下のノウハウを展開・説明しています。

◆良い習慣を身につけることで運命をコントロールする方法

◆労働時間を半分にして成果を上げ、生産性を高める方法
◆可能性の源泉である「自分自身の思考」をコントロールする方法
◆人生を戦略的に設計する方法
◆経済的に自立する方法
◆仕事とプライベートのバランスを取る方法
◆健康な体をつくるための方法

そして、「人生の質を高める4つの方法」として、シンプルに次の行動を勧めています。

1. 重要なことを増やす
2. 重要でないことを減らす
3. 新しいことを始める
4. あることを完全にやめる

まさに、増やしたり、減らしたり、新たに始めたり、やめたりという選択と集中が「時

間のつかい方」の要諦であることをシンプルに伝えてくれます。

働き方をデザインする

ワークライフバランスの重要性を発信し、ワーク・ライフバランスコンサルタント養成を行ってきた小室淑恵・株式会社ワーク・ライフバランス代表取締役社長が書いた『**プレイングマネジャー「残業ゼロ」の仕事術**』（小室淑恵著、ダイヤモンド社）では、働き方改革の実践例が紹介され、次の5つのステップで、メンバーの力を引き出して健全なチームワークを醸成することを提唱しています。

1. 自身の時間のつかい方を可視化する
2. マネジメントに軸足を置いた時間のつかい方を実現する
3. メンバーとの関係の質を高める
4. チームの時間のつかい方を可視化する

5. メンバーとともに生産性を上げる方策を考え実行する

そして右記のステップごとに、「マネジャーが頑張りすぎない」「マネジメント8割、プレイ2割」「見る、聞く、待つが基本」など、マネジャーとしての具体的な働き方を解説しています。

ワークライフバランスに対して、**「ワーク・アズ・ライフ」**を提唱しているのが、**『マッキンゼーで当たり前にやっている働き方デザイン』**（大嶋祥誉著、知的生きかた文庫）です。

「ワーク・アズ・ライフ」とは、仕事を人生としても考えるというコンセプトで、マッキンゼーでは社員全員が普通に行っている働き方だそうです。要するに、**「自分の好きなことを軸にして、好きなように働き、自分が得たい成果も手にできる、ストレスもない働き方」**をすることです。なかなか実現するのは難しそうな働き方ですが、そうした働き方を実現するため、どのように**「働き方をデザイン」**していくかを紹介・解説しているのが同書です。

具体的には、次の3段階で働き方をステップアップしていく「働き方デザイン」を提案しています。

1. 働き方１・０（組織）▽組織の中で自分を高める、時間ベース、自分を磨く手段
2. 働き方２・０（自立）▽得意分野を深掘り・拡大、成果ベース、自己実現・自己表現の手段
3. 働き方３・０（共存）▽人に与える・つながる、進化・貢献ベース、「好き」の追求

具体的には、まず自分の働き方を決める４つの質問を自らにしてみます。

- **自分の強み、スキル、得意なものは何か？**
- **自分はどんな価値を提供できるのか？**
- **自分はどんな進化・成長をしていきたいのか？**
- **自分はどんな報酬を得たいのか？**

さらに、具体的なノウハウやメソッドが紹介されていますが、私が効果的だと実感しているものとして以下の5点を紹介します。

- **「複業」を検討することで、自分の可能性を広げられる**
- **「幸福度」を軸にする**
- **やりたくないことを明確にするのが戦略**
- **他者と差別化できるスキルを磨き、バリューを提供する**
- **戦略的な掛け算による差別化をしてブルーオーシャンで闘う**

とくに最後の2つは、私が「ひとり起業」するときに最も意識して実践してきたポイントです。著者の大嶋氏自身は、①戦略思考、②人材開発コンサルティングに、③瞑想（趣味として以前より実施）を掛け算して差別化することにより、大きく仕事を増やしたそうです。

私の掛け算は、①ビジネス書の多読、②銀行員としての財務リテラシー、③多彩な発信力の3つの掛け算でオンリーワンを目指しました。この3つの専門性を組み合わせてオンリーワンになることについては、第4章で詳しく紹介します。

1日24時間を27時間にしてしまうデザインを提唱しているのが**『あなたの1日は27時間になる。「自分だけの3時間」を作る人生・仕事の超整理法』**（木村聡子著、ダイヤモンド社）です。残業続きで終電族、毎日疲弊し、心身ともに疲れ果てた著者が「仕事漬けの人生を変えたい！」と一念発起、仕事の効率化とスピードアップによって、残業ゼロに加えて年収倍増も実現した秘訣を整理した本です。

そのコンセプトはサブタイトル通り、**「自分だけの3時間」を作る人生・仕事の超整理法**で、人生を変える**「4週間プログラム」**として、以下のように提唱しています。

1．1日のリズムを整える（1週間目）
2．仕事の渋滞をなくす（2週間目）
3．仕事環境を効率化する（3週間目）
4．仕事をスピードアップさせる（4週間目）

具体的には、1週間目で1日の過ごし方を見直し、「残業してでも仕事をしよう」というマインドを捨てる。2週間目は、「仕事の段取り」を徹底し、仕事をためず、「効率的に流す」方法を考える。3週間目では、「仕事環境」を効率的にして、「物を探す時間」をゼロにする。そして4週間目で仕事をスピードアップ、1秒でも早く手を動かす工夫をすることです。

これは、「ムリなく」「習慣化できる」に焦点を当てた「4週間プログラム」で、最も恐ろしいのは、残業や長時間労働の「習慣化」であり、それを当然のこととする「考え方」だとしています。「やってもやっても仕事が終わらない、つねに仕事に追われている」という状態の最大の原因である「仕事の渋滞」を解消することがポイントなのです。

最後には、著者の木村氏自身の「現在の1日のスケジュール」が公開されていますが、朝4時起床、7時に仕事をスタートして15時には終了、15時から18時が自分のための3時間（スキルアップの勉強、自己投資、趣味・休息など）としています。その後18時30分夕食、20時30分入浴と続き、22時就寝という1日です。

起床と就寝は私と同じ時間ですが、自分のための3時間（スキルアップのための勉強、自己投資、思考などの時間）を私は早朝に取っているので、そこだけは時間帯が異なります。

皆さんも自分の個性に合わせた「自分だけの3時間」を取る1日のデザインを試みてみてはいかがでしょうか。

技術革新を味方につける

ビジネスモデルを変革するイノベーションを起こすキーワードとして**DX（デジタル・トランスフォーメーション）**があらゆる業界でキーワードになっています。『超ＤＸ仕事術』（相馬正伸著、サンマーク出版）は、個人がＤＸを活用して、より高い成果を出す方法を**「DX仕事術」**と定義し、「個人のためのＤＸスキル」を紹介・解説した本です。

著者の相馬氏は、ＩＴ歴25年で延べ3万人以上のＩＴについての相談にのり、合計１００億円以上のシステム導入に携わり、現在は経済産業省認定のＩＴ導入支援事業者として、ＩＴツールを50以上取り扱っている起業家です。

そうした経験を背景に、「簡単に解析できる便利なＩＴツールを導入し、継続的に改善をすることがＤＸ化です」と述べて、ＤＸ仕事術の基本的な考え方として、以下の３

つの制限をなくすことを提唱しています。

1. 場所の制限をなくす▽どこでも使える
2. デバイスの制限をなくす▽多端末で使える
3. 時間の制限をなくす▽いつでも使える

そして、「DX難民」にならない3つの方法として、①苦手なことは人に振る、②小さな成功体験を積み重ねる、③成功事例を参考に自分の型に当てはめる、を挙げます。

さらに、DX仕事術レベルとして、次の3つを示しています。

レベル1. いつでもどこでも仕事ができる
レベル2. 流用でミスなく確実な仕事を実現する
レベル3. 生産性が革命レベルに上がる

レベル1は、すべての始まりで、「データ入力」でコミュニケーション・効率化・情報収集を底上げするレベル。レベル2は、ミスゼロ、超時短を実現するデータ流用で最強の環境を構築するレベル。そしてレベル3が、可処分時間が倍になり、究極の自動化を実現するデータ活用で付加価値を生み出すレベル。この順番で、ＤＸ仕事術のレベルを上げていきます。

そのほか具体的に著者が使うツールなどを紹介しています。主なポイントは以下の通りですが、私もこの大半を使用しています。

- **メーラーの最適解は「Gmail」**
- **「いつでもどこでも」を実現するチャット**
- **豊富な拡張機能の「Chrome」**
- **軽い・手軽・使いやすいの三拍子揃った「Zoom」**
- **ワンチームの「Teams」や予定調整の「Googleカレンダー」**
- **タスク管理の「Google ToDoリスト」**
- **バランスが取れて使いやすい「Dropbox」**
- **オンラインフォームの超王道「Googleフォーム」**

◆いつでもどこでもOfficeなら「Microsoft 365」

著者の豊富なIT関連アドバイス実績に基づいて具体的に紹介されていて、わかりやすくDXの本質が学べます。

東京大学理学部数学科・経済学部経済学科卒業、博士（政策研究）で、1980年大蔵省（現・財務省）入省、内閣府参事官（首相官邸）などを歴任した髙橋洋一氏による『髙橋洋一式「デジタル仕事術」』（髙橋洋一著、かや書房）もデジタル技術を活用した「時間のつかい方」の参考になります。

この本は、著者がどのようにデジタル機器（ガジェット）を使い、理系脳で仕事をしてきたかをわかりやすく紹介し、**AI時代の「デジタル仕事術」**について紹介・解説している書です。著者自身が実践するデジタル仕事術のポイントは以下の通りです。

◆YouTubeは儲かる仕組みになっているが、自分がネタ元になること
◆オンライン会議はスマホを使うのが一番ラク

◆スケジュール管理はGoogleカレンダー
◆図表は2時間、文章は1時間で書く、図表から先に作る
◆情報収集は省庁、国際機関の統計情報を見ている
◆原稿はすべてデジタル化して検索可能にしている
◆関係性を調べるためにグラフで確認する
◆表をつくるときのポイントは、過不足なく分けること
◆AIは単なる「プログラムの塊」
◆経営者にもプログラムの理解が必要な時代

いずれも著者自身が実践し、YouTubeチャンネルなどで解説している方法です。複雑な世の中の事象をわかりやすく数式で整理して解説するYouTube動画は定評があります。

髙橋氏も60代で私より年上ですが、さらに年長の80歳代のエコノミストである野口悠紀雄・早稲田大学ビジネスファイナンス研究センター顧問が書いた『「超」創造法 生成AIで知的活動はどう変わる?』（野口悠紀雄著、幻冬舎新書）は、生成AIによって、単純

な知的作業の効率を著しく高めることが可能になった事例として、著者自身の最強のアイデア創造法を公開している本です。

創造とは、アイデアを見つけ、育てること。半世紀にわたってアイデアを生み出す手法を蓄積してきた著者が、生成ＡＩを導入・実験して、真に効果がある使い方を発見し、生成ＡＩという優秀な助手を得て、さらにバージョンアップした、最強のアイデア創造法を解説しています。具体的な手法は次の通り。私はまだ一部しか実践できていませんが、効率が飛躍的に高まる可能性を秘めている手法だと感じます。

- **「音声入力＋ChatGPT」で文章を書く効率が飛躍的に向上**
- **文章を書くのが楽しくなる「キーワード文章法」**
- **ＡＩの校正能力やＡＩとの雑談は驚異的なレベル**
- **時間がかかった退屈な作業をＡＩが5分で処理してくれる**
- **長い英文の資料をあっという間に読める**

この本は、知的生産性を上げるために書かれていますが、すべてを実践するのはまだ難しいかも知れません。ただ、今後の技術革新の方向性を間違いなく示していて、やがて普通の人が当たり前にＡＩを活用する時代が来るでしょう。

その他のハック・時間術

そのほかにも数多くの時間術やハック本が刊行されていますので、最後に参考になる「時間のつかい方」がわかる本を挙げておきます。

『行動が結果を変える ハック大学式 最強の仕事術』（ハック大学 ぺそ著、ソシム）は、YouTubeチャンネル「ハック大学」を通じて、仕事術、キャリア戦略などのビジネスに役立つ情報を発信し、チャンネル登録者数26万人を超えるハック大学 ぺそ氏が、「仕事ができる」という状態になる道筋を、図解を用いながら理解しやすいように書き記した本です。

多岐にわたるノウハウやメソッドを具体的に紹介・解説していますが、私が取り入れて実践した中で効果的だったものを以下に挙げます。

◆アウトプットを前提にしたインプットは、①原理原則を理解、②要点を理解、③学びが定着
◆「抽象化」することで、普遍的な情報へ変換できる
◆インプットした内容を「要約」して、仮説を盛り込んでアウトプットすることで付加価値を創出する

これらはまさに、私が毎日ビジネス書を多読して、その要点をブログに書評として書いて公開している活動そのものです。

そのほかにも次のようなポイントを紹介しています。

◆MECE《ミーシー》やロジックツリーは思いつきではないことを示す共通言語の武器
◆「オプション思考」因数分解で、ボトルネックが発見でき、目標設定が明確になる
◆「仮説思考」で仕事のスピードが上がる
◆「数字思考」でフェルミ推定ができる
◆「とりあえずやってみる」行動の数が多いほど、思考の量も質も上がる

「MECE」とは、Mutually Exclusive and Collectively Exhaustiveの略で、「漏れなくダブりなく」というフレームワークの原則のこと。それを使って論理展開を整理するツールが**「ロジックツリー」**です。**「フェルミ推定」**は、実際に調査することが難しい数字（データ）などを、わかっている数字（データ）から論理的に推論して概算を出すこと。いずれも**ロジカルシンキング（論理的思考）に必須のスキル**です。

まだまだ数多くのメソッドが紹介されており、同書はアラカルト形式でどこから読み始めてもどこで終わっても、自らの興味関心に応じて読めるのがいい点です。

『「結局、何が言いたいの？」と言われない一生使える「1分で伝わる」技術』（沖本るり子著、大和出版）は、「5分会議」を提唱して多くのコンサルティング実績のある沖本るり子氏が、「伝えるスキル」が劇的に上がり、人間関係を円滑にし、仕事の成果を上げ、良い評価や報酬にもつなげることができる方法を伝授してくれる書です。

さまざまなメソッドがビジネスシーンごとに多数、紹介されていますが、私がハッとしたものを以下に紹介します。

◆枠を使うことで、聞き手にとってわかりやすい話をすることができる
◆「最初の一文」に勝負をかける
◆選択肢は「3つ」がいい
◆自分ではなく、相手のメリットを強調する
◆「してほしい行動」は言葉で表す

とくに共感するポイントは、「最後の一文」に勝負をかけて、相手に「してほしい行動」は言葉で表すという点です。「伝える力を高めることで、コミュニケーション力を高めることができる」というのがこの本の結論です。

『時間術大全 人生が本当に変わる「87の時間ワザ」』（ジェイク・ナップ、ジョン・ゼラツキー著、ダイヤモンド社）の著者ふたりは、GoogleとYouTubeで、人の目を「1分、1秒」でも長く引きつける仕組みを研究し続けてきた**「依存のプロフェッショナル」**です。人間心理のメカニズムを知り尽くしているふたりが、新しい究極の時間術を提唱しているのがこの本です。

さまざまな時間術が具体的に紹介・解説されていますが、とくに印象が強く、実践したくなった手法を以下に紹介します。

- **優先順位を明確にする**
- **朝型人間になる**
- **メールタイムを決める**
- **ニュースを見ない**
- **「ひと呼吸」を意識する**
- **カフェインの門限（14時）を決める**
- **すきあらば仮眠する**

最後に紹介する、とにかく動き出し、失敗しても修正すれば成功に変わることを説いた**『結果を出す人は「修正力」がすごい！「1」が「10」になる働き方』**（大西みつる著、知的生きかた文庫）は、勇気をもらえる本です。仕事はうまくいかないことのほうが圧倒的に多いものですが、結果を出す人は修正する力が高い、仕事の結果と修正力の高さが比例する、と説明しています。

この本では、著者自身の経験や企業研修で目にしてきた実例を豊富に取り上げながら**「修正力を高めるコツ」**を37個紹介しています。とくに参考になるコツとして、次の10個を挙げます。

- **修正力を発揮するコツは、①基本を見直す、②小さく変える、③できることをやる**
- **3S▽シンプル、集中、スピード**
- **5S▽整理、整頓、清掃、清潔、しつけ**
- **熱意を持って聴く、「話す力」より「聴く力」**
- **「走りながら考えろ！」**
- **逆境で必要なのは、ユーモア**
- **小さな目標を何度もクリアすると、大きな成果になる**
- **「やればできる」の自己効力感が成果につながる**
- **「できること」を磨き続けると、やがて「強み」になる**
- **怒りも不安も「呼吸」で修正できる、呼吸を制したものが、勝負を制す**

そのほかにも、ストレスは味方にすると力になる、や「アクティブ・レスト（積極的休養）」など、実践的で役立つ考え方や原則が満載でとても参考になります。

Column 2 「ワークライフバランス」の名著ピックアップ

『1440分の使い方 成功者たちの時間管理15の秘訣』

（ケビン・クルーズ著、パンローリング）

この本は、ニューヨークタイムズ紙ベストセラー作家、フォーブズ誌寄稿者、基調講演者で複数企業の創業者であるケビン・クルーズ氏が、**7人の億万長者、13人のオリンピック選手、29人のオールA学生、そして239人の起業家の計288人**に取材を行い、そこから導き出された、時間管理と生産性向上にまつわる15の秘訣を整理して紹介・解説している本です。

「1日が1440分間である」という誰にでも公平な事実に目を向け、「時間管理」の要諦を、数多くの成功者から調査した共通原則としてまとめています。その中で**「時間管理の15の秘訣」**として紹介されているのは次の通りです。

1. **時間は、最も貴重かつ最も希少な資源**
2. **最も重要なタスク（MIT）を特定し、毎日、何よりも先に取り組む**
3. **ToDoリストではなく、スケジュール表を見て動く**
4. **先延ばしを克服したければ、未来の自分に**

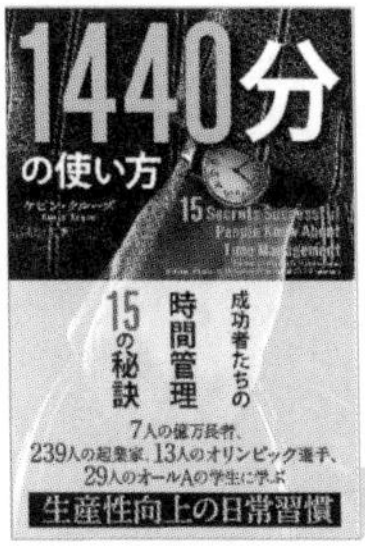

5. 打ち克つ方法を見つけること
6. やるべきこと、やれることは、つねに山ほどある、この事実を受け入れる
7. つねにノートを持ち歩く
8. 自分の生活に他人の優先事項を割り込ませるうってつけの方法、それがメールだ、受信箱はきちんと管理すること
9. 会議は、予定するのも出席するのも、他のコミュニケーション手段ではうまくいかない場合の最後の手段にする
10. 当面の目標達成に役立たない誘いは、すべて断る
11. 成果の80%は、20%の活動から生じる
12. 自分の強みと情熱を活かせることに、集中的に時間を注ぐ
13. 同じテーマの仕事をひとまとめにし、毎週同じ曜日に割り当てる
14. 5分以内で終わるタスクは、すぐにやる(「一度しか触らない」ルール)
15. 毎日、最初の60分に投資し、心と体と精神を鍛える
16. 生産性とは、時間の問題ではなく、エネルギーと集中力の問題である

また同書では、**「時間管理」と「生産性向上」の秘訣**を凝縮し、実行しやすい方式としてまとめた、**「E－3C方式」**というものを説明しています。Eは**エネルギー（Energy）**、3つのCは、それぞれ**記録（Capture）、スケジュール表（Calendar）、集中（Concentrate）**を表しています。

さらに、**時間と生産性にまつわるテクニック**として、次のような具体的な方法を紹介しています。

- **料理は必ず何食分かまとめてつくる**
- **カメラつき携帯電話を使って、脳の負担を減らす**

◆携帯電話の音を消し、通知をすべて切る
◆朝食には健康的なプロテインシェイクを飲む
◆テレビは絶対に生で見ない
◆テレビを一切見ない
◆運転時間を有効活用する
◆電話をかける場合は必ず事前に約束を取る
◆忙しい時間帯に世間と交わるのは極力控える
◆ディスプレイを2台使う
◆やめることリストをつくる
◆終了時間をみんなに思い出させる
◆生産的な人たちと付き合う
◆「ひとりにさせてほしい」と周りに伝える
◆バースデーカードはまとめて買う
◆請求書の支払いは自動に
◆知らない番号からの電話には出ない
◆仕事関連のコーチ、メンター、マスターマインドグループを見つける
◆コンテンツは複数のチャネルで配信する

◆**完璧を目指すより、まず終わらせることを肝に銘じる**

この本の巻末には「付録」として、**「時間管理の名言ベスト110」**が掲載されています。まさに、**「時間管理」のバイブル**と言える書です。最後にその中から、私がとくに普段から心に留めている名言を以下に紹介します。

「時間を使いこなせるようになれば、今から言うことが実感できるだろうが、ほとんどの人は1年でできることを過大評価し、10年でできることを過小評価する」

（アンソニー・ロビンズ）

「時間を管理できるようにならなければ、何事も管理できない」

（ピーター・ドラッカー）

Catch the key points and summarize
good time management from 100 best books

第3章

Mindset

マインドセット

| モチベーション |

| 行動力・すぐやる | 思考力 |

| 習慣 |

この第3章と次の第4章は、中期的な視点で、行動を習慣化し、キャリアをいかに形成するか、そのためにどう時間を効率的に使っていけばよいのかを考察します。20代から50代くらいまで幅広いビジネスパーソンに役立つ名著の要点を紹介しています。第3章のキーワードは、モチベーション、行動力（すぐやる）、思考力、そして習慣です。イメージとしては、第3章がキャリア形成の出発点・土台の前半部分にあたり、続く第4章がその積み重ねの上に成果を出す後半部分になっており、専門性の掛け合わせ、希少性（オンリーワン）、強みによる差別化、アウトプット（言語化）です。

「やればできる」というマインドセット

イエール大学で心理学博士号を取得後、コロンビア大学、ハーバード大学で教鞭を執り、現在はスタンフォード大学心理学教授のキャロル・S・ドゥエック氏が書いた『マインドセット「やればできる！」の研究』（キャロル・S・ドゥエック著、草思社）は、人生を大きく左右する内容が書かれている本として、マイクロソフト社のビル・ゲイツ氏も絶賛しています。

「人間の能力は学習や経験によって伸ばせるもの」と考える「しなやかマインドセット」なのか、「石版に刻まれたように変化しないもの」と考える「硬直マインドセット」なのかによって、その人生は大きく変わると言います。

そして、しなやかなマインドセットの人は、次のような行動をするからビジネスでもスポーツでも成功します。

- **自分を向上させることに関心を向ける**
- **潜在能力が開花するには時間がかかることを知っている**
- **能力を褒めるのではなく、努力したことを褒める**
- **欠点は直せるものと考え、相手を許す**
- **しなやかなマインドセットの根底にあるのは、「人は変われる」という信念**
- **幸福の鍵は信念、不幸の鍵も信念**
- **「この失敗から何を学べるか、この教訓を次にどう活かすか」と考える**
- **自分も学びつつ、学ぶ人を応援する**

この本は信念の力が人生を変えることを示し、マインドセットがモチベーションや行動につながる「時間のつかい方」ができる鍵になることを明らかにしたという点で画期的だと言えるでしょう。

「すぐやる行動」のプロセスを知る

『結局、「すぐやる人」がすべてを手に入れる』（藤由達藏著、青春文庫）は、すぐに行動できないためにチャンスを逃してしまう人に対して、**「一瞬で行動に移せるようになるための方法」**を紹介しています。そのメソッドとは、**「気分」と「視座」を変えること**です。

まず、以下の**「気分をリセットする5つの原理」**を理解することが大切です。

1. **気分は選択できる、と知る**
2. **「感情表現の3要素（表情・動作・言葉）」で気分を切り替える**
3. **思い出すだけで気分は変わる**

4. 想像しただけで気分は変わる
5. 気分は伝えることができる

また、**「視座」**とは、**ものを見る「視点と立場」**のことです。他人の視座から見る、複数の視座から見る、全体状況を俯瞰する視座から見る、などの視座の転換です。

そして、「悩む」ことから脱出して「考える」には、次の５つのステップをたどって、**「すぐ行動する人」の思考法**を身につけることだと提唱しています。

1. ポジティブな気分に浸る
2. 仮でもいいから結論を出す
3. 「どうしたらできるか」をとことん考える
4. 他人のアドバイスは自ら取捨選択する
5. 結論が出たら行動する

こういった**「気分」**や**「視座」（思考法）を変える**ことが自然にできる人が、**「すぐ行**

動できる人」ということです。

脳と体の連携によって科学的に**「すぐやる行動力」**を考察しているのが、**『すぐやる！「行動力」を高める〝科学的な〟方法』**（菅原洋平著、文響社）です。この本は、著者が作業療法士として、リハビリテーションの医療現場で実証済みの方法を、ビジネスに応用して提唱しているものです。

本書の結論は、「すぐやらない」原因は、「性格」や「やる気」ではなく、脳が「すぐやる」モードになっていないだけだ、ということ。したがって、脳が「次の行動」を予測できるところまでは「前の行動」を途切れさせずに連続させる、ということが大切なのです。

つまり、「すぐやる」状態に脳を保つために、日常の生活を限りなくルーティン化して、筋肉が脳に新しい情報を届けないで済むようにすることです。脳に入る情報を絞り込み、脳が自動的に、無意識的に「フィードフォワード」のシステムを起動しやすい状況をつくるのです。

「嫌なことを先延ばしにしない！　やらなければいけないことを、今すぐやるために必要なのは『意志』ではなく『技術』だった」と提唱しているのが、『「後回し」にしない技術「すぐやる人」になる20の方法』（イ・ミンギュ著、文響社）です。

著者のイ・ミンギュ氏は、**「たった1%の変化を加えるだけで、人生は大きく変わる」**という哲学を主張し、韓国で100万人以上の人々に影響を与えてきた心理学者です。**実行力を発揮するプロセス**を次の3つのフェーズに分け、心理学に基づくノウハウや考え方を解説しています。

1. 決心する
2. 実行する
3. 維持（継続）する

そして、各フェーズ順に、**「すぐやる」ための具体的な20の方法**が紹介・解説されています。私が実践してとくに効果的だった方法は以下の通りです。

◆仕事を終える時間ではなく「始める」時間を決めよう
◆スケジュールは「逆から」立てなさい
◆最初の1％の行動に全力を注ぎなさい
◆掃除をしたければ、友達を家に呼ぼう

すぐやる行動力には「仕組み」がある

建設会社役員、税理士、大学研究員、ビジネス書著者、人材開発支援会社役員COO、一般社団法人 国際キャリア教育協会 理事、時間管理コンサルタント、オンラインサロン石川塾主宰など「9つの肩書」を持って、短時間で多くの仕事をこなすスーパーサラリーマンの石川和男氏が書いた『どんなことでも「すぐやる」技術 クリエイティブな仕事も嫌な仕事も即実行できる仕組みの作り方』（石川和男著、Gakken）は、著者が自ら実践しているメソッドをわかりやすく紹介していて参考になります。

この本は、マインドセットや考え方だけではなく、仕組みづくりにも力点を置いて、

「どうやってスピードアップするのか、すぐやるのか」を紹介・解説しています。具体的なメソッドのうち、私も実践しているものは次の通りです。

- **心配事はノートに書き出す**
- **公言することで夢を実現する行動を起こす**
- **寝る時間と起きる時間を固定する**
- **午前中の2時間を「ガムシャラタイム」に**
- **仕事の成果とは、「完成度×時間効率」、完璧より終わらせること**
- **シングルタスクでさっさと終わらせる**
- **緊急じゃないけれど重要なことを、毎日やり続ける時間を決める**
- **勉強こそ「人生で最も楽しめるゲーム」**

また、本書の後半に紹介されている「難攻不落のクリエイティブな作業でもすぐやる技術」および「すぐやるクリエイティブを鍛える習慣」はとくに興味深く、私はすぐに実践して成果が上がりました。そのポイントは以下の通りです。

◆アイデアは既にあるものの「組み合わせ」
◆誰かにさっさと聞いて、巻き込む
◆質より量を稼ぐ
◆実用書は、買う前に気になるところをガンガンつまみ食い方式で読む
◆「読む」のではなく、役立つコンテンツを「探す」
◆とくに響く言葉を抜き出した名言を毎朝、読んでいる

読書に関わる部分のメソッドは私が毎日行っている習慣と共通しています。この本の締めくくりとして著者は、**「成功者とは、『自分の一番やりたかったことをやれている人』です」**と述べていて、強くうなずける言葉でした。

やる気に頼るのではなく、**「やる気スイッチ」をオンにする仕組み**をわかりやすく解説しているのが**『やる気に頼らず「すぐやる人」になる37のコツ 科学的に先延ばしをなくす技術』**（大平信孝著、かんき出版）です。脳をその気にさせて「行動ブレーキを外す方法」、「行動マインドのつくり方」および「時間のつかい方」について、以下のような具体的なコツを伝授してくれています。

- ◆試しに10秒だけ動いてみる
- ◆気乗りしないときは体を動かしてみる
- ◆できるというポジティブなゴールイメージを自然と描く
- ◆「できていること」に注目する
- ◆「結果目標」ではなく「行動目標」に注目する
- ◆他人ではなく、過去の自分と今の自分を比較するクセをつける
- ◆「本気の30分」を1日2回確保する
- ◆「目的」と「取り組み内容」を明確にする

こうしたコツを著者は、集中力が途切れない、モチベーションに左右されない、自己肯定感が上がる、「科学的に先延ばしをなくす技術」だとしています。皆さんにもぜひ、試してみてほしいと思います。

マインドセットを「思考法」から整える

ベースになる「思考法」を身につけて、思考力と学びによって、ブレないマインドセットをつくることができる珠玉の3冊を紹介します。いずれも応用範囲が広く、ビジネスパーソンの基礎力がつく名著です。

1冊目は、『戦略的思考トレーニング 目標実現力が飛躍的にアップする37問』（三坂健著、PHPビジネス新書）です。この本では、**「戦略とは、人生やビジネスにおいて、納得のいく結果を得、目標を実現するためのシナリオ」**と説明しています。ありたい姿、あるべき姿、ビジョン（想い）を描いて、そこへ向けてバックキャスティングでロードマップやシナリオを描いていくのです。

ビジネス上の具体的な課題を問いの形で提示し、その37の例題に答えていくことで自然と「戦略的思考」が身につくように解説がなされています。解説の中で出てくるメッセージとして、とくに私が共感していることは次の通りです。

- ◆戦略の起点になるのは「強い想い」
- ◆目標はムーンショットで設定し、SMARTの法則で表現する
- ◆目標までの通過「点」を洗い出して「線」でつなぐ
- ◆「外から内」のアウトサイド・インの思考で戦略を考える
- ◆「戦わずして、勝つ」を実現することが、いい戦略の絶対条件
- ◆いい質問が人を動かす
- ◆「ストーリーテリング」で共感を誘う
- ◆アナロジー思考で戦略オプションを増やす
- ◆戦略ロードマップは未来へのバトン

「ムーンショット」とは、ジョン・F・ケネディ元アメリカ大統領が、大統領就任演説で「10年以内に人類を月に送り込む」と言ったのが語源で、月に届くくらいのショット、つまり大胆な目標を掲げること。目標が大きいほど、魅力あるほど、達成の可能性も高まり成果を上げられるという意味です。反対語は、**「ルーフショット」**で、屋根に届くくらいのショット、つまり現状の延長線上で届くくらいの現実的な目標。ビジョン（あるべ

き姿）はムーンショットで描くほうが、戦略的な目標が立てられます。**「SMARTの法則」**とは、ビジョンを作成するときのセオリーで、Specific（具体的な）、Measurable（測定可能な）、Attractive（魅力的な）、Realistic（現実的な）、Time-bound（期限が明確な）という意味で、この5つのポイントを踏まえて作成せよという法則です。

この本とセットでぜひ読むことをオススメしたいのが、**『「具体⇅抽象」トレーニング 思考力が飛躍的にアップする29問』**（細谷功著、PHPビジネス新書）です。前述の本と同じ出版社のシリーズ本で、こちらは29の例題を解いていくと自然と**「具体と抽象を自在に行ったり来たりできる思考法」**が身につきます。私が講師として登壇する企業研修では、戦略シナリオ研修と50代向けキャリアデザイン研修が最も多いのですが、経営戦略（事業戦略）にも人生戦略にも、どちらにも役立つ名著として、この2冊をセットで紹介しています。この2冊の内容を実践すれば、「時間のつかい方」の質が飛躍的に向上することは間違いありません。

この本の冒頭で著者の細谷功氏は、「『具体↑↓抽象』という軸で眺めると、世の中が変わって見えてきて、ＳＮＳ上の『永遠の不毛な議論』から抜け出せるし、日常のコミュニケーションギャップを解消してストレスを減らすことができる」と述べています。

「具体化と抽象化」とは、自分の頭で考えるための方法論（正解がない）であり、抽象化と具体化を組み合わせたものが、「根本的な問題解決」なのです。そして、不毛な議論の多くは、「具体と抽象のズレ」から来る、と本書では指摘しています。

抽象化と具体化の特質を以下のように提示していて、だからこそ両者を行ったり来たりする思考法が価値を持つと説明しています。

- **抽象化とは、「一言で表現する」こと**
- **抽象化とは、「捨てる」こと**
- **抽象化とは、「自由度を上げる」こと**
- **抽象度が上がる＝全体を見る（俯瞰する）**
- **具体化とは、Howを問うこと**
- **具体化には横の力（知識や情報量）が必要**
- **具体化とは「自由度を下げる」こと**
- **具体は、個別・特殊・個々の属性**

また、「言葉」は人類が抽象化によって生み出した最大最強のツールであるとし、抽象化された特徴のレベルの「目に見えない類似点」を探すことがアナロジー（類推）に必要だと解説しています。ビジネス上の戦略を立案する際に、自分たちとはまったく違う業界での成功事例（具体）から、それをいったん抽象化し、アナロジーによってビジネスモデルの本質を定義したうえで、再度自らの業界へと具体化して応用していく思考は、あらゆる業界で実践されて成果を上げています。こうした思考法が「具体⇅抽象思考」なのです。

3冊目は、**『知識とスキルを最速で稼ぎにつなげる 大人の学び直し』**（清水久三子著、知的生きかた文庫）です。この本は、すばやくスキルや知識を身につけ、それらを稼げるレベルにまで高めるための「使えるメソッド」を紹介・解説している書です。

リスキリングがキャリア開発のキーワードになりつつありますが、本書で説明している次の**「学びの4段階」**が基本だと私も考えています。

2. 具体の理解
3. 体系の理解
4. 本質の理解

概念の理解は知っている（知識）、具体の理解はやったことがある（経験）、体系の理解はできる（能力）、本質の理解は教えられる（見識）です。この4つのステップで、学びを稼ぎに変えることができるのです。

そのほか同書では、効率的に学ぶためのツールやコツが豊富に紹介されていて参考になります。

「時間がない」と感じる人の時間術

「時間がない」と感じている人の時間術を紹介している本があります。多くの若者がやっていると話題になった**『映画を早送りで観る人たち ファスト映画・ネタバレ――コンテ**

ンツ消費の現在形』（稲田豊史著、光文社新書）は、若者が映像作品（コンテンツ）を倍速視聴する背景として、次の3点を挙げています。

1. 映像作品の供給過多（安価に大量に視聴できる環境）
2. タイパ（＝タイムパフォーマンス）を求める若者たち
3. セリフをすべて説明する映像作品の増加

この3点とも倍速視聴を増やした確かな理由であり、この順番に広がっていったと言えるでしょう。見るべき作品のボリューム増加、すなわち処理すべき情報量の爆発的増加という「現代の情報社会」の特質が、若者のライフスタイルを変えているのです。

SNSで話題になった作品を観ていないと話に入っていけないという恐怖を感じて倍速視聴や「ネタバレサイト」のみで済ます人が増えているといいます。先に結末を知りたいし、「観たい」のではなく「知りたい」のです。「サブスク契約をしているのだから、できるだけ多くの作品を観なくては損だ」という意識もその動きを加速していると言われています。

「時間の使い方で、人生がすべて決まるのです」と説いて、「人の4倍仕事をして、2倍遊ぶ〝神がかった時間術〟」を紹介している『脳のパフォーマンスを最大まで引き出す神・時間術』（樺沢紫苑著、大和書房）という本があります。精神科医で作家の樺沢紫苑氏がストレスで病気になりかかったときに時間のつかい方を根本的に見直した経験を公開しています。

神・時間術の4つの原則は以下の通りです。

1. 集中力を中心に時間を考える
2. 集中力を「リセット」して時間を生み出す
3. アメリカ式の仕事効率を手に入れる
4. 「自己投資」のために時間を使う

そして、神・時間術の最終目標は、**「楽しむために時間は使う」**ということです。

また、脳科学の観点から、脳の機能を最大限に生かす工夫として、人間が集中できる時間単位の15分間およびその倍数の時間で休息を入れながら物事を進める方法をはじめ、著者が実践するさまざまなメソッドは参考になります。

『いつも「時間がない」あなたに　欠乏の行動経済学』（センディル・ムッライナタン、エルダー・シャフィール著、早川書房）は、お金（金銭）や時間がないと認知能力、処理能力、判断力が落ちて、欠乏が欠乏を生む負のスパイラルに陥ってしまう危険を指摘しています。多くの実験結果や研究の成果から、うまくいかない人は個人の資質だけが問題というわけではなく、そこには共通の要因があることを明らかにしています。

解決策の結論として、本書では次の点を挙げています。

◆**つねに生活にゆとりを持つこと**
◆**給料から毎月一定額の貯金や投資をすること**
◆**お金と時間にゆとりを持たせるためにスケジュールを立てる**

要するに、つねに生活（お金と時間）に余裕を持たせることによって欠乏を防ぐことができるということです。余裕がなくなると、目先のことしか見えない**「トンネリング」**

（トンネルの視界のように周りが見えない）という状態になるのです。

習慣は人生を変える力がある

本章の最後では、**「習慣の力」**について書かれた名著に触れておきましょう。習慣に関する最も有名かつ不朽の名作と言われるのが**『7つの習慣 成功には原則があった！』**（スティーブン・R・コヴィー著、FCEパブリッシング）です。

人生の成功には共通する原理・原則があった、というのが本書で提唱されている骨子で、次の7つの習慣のことです。

1. 主体的である
2. 終わりを思い描くことから始める
3. 最優先事項を優先する
4. Win-Win を考える

5. まず理解に徹し、そして理解される
6. シナジーを創り出す
7. 刃を研ぐ

この中で、多くのビジネス書に「時間管理のコツ」として最もよく引用されるのが第3の原則で、やるべきことを「緊急度」と「重要度」の2つの観点から4つの領域に分けたとき、**緊急ではないが重要な「第2領域」の出来事を優先するという原則**です。普段からこうした「時間配分」ができていると、緊急で重要という切羽詰まった事柄が減っていくので安定して高いパフォーマンスを発揮できるようになります。第2領域の緊急ではないが重要なタスクとは、たとえば健康管理であり、人間関係づくりであり、自己啓発などです。

また、私が最も心に留めて実践しているのは、7番目の**「刃を研ぐ」**という習慣。著者のコヴィー氏は、**「すぐれた書物を読むこと」**をとくに強く勧めています。

『仕事が早く終わる人、いつまでも終わらない人の習慣』（吉田幸弘著、あさ出版）は、著者の吉田氏が研修や講演、コンサルティング等を通して3万人超の方々と接し、仕事時間・量を減らす方法を伝えてきた中で、とくに効果が高いもの、評判が良かったものを中心に、自らの経験も踏まえて、仕事を早く終わらせるコツや考え方、感情との向き合い方などの習慣を紹介している書です。

仕事が早い人が実践している習慣について、以下のようなポイントを提示しており、私も日頃からその多くを実施しています。

◆まず大きな仕事をする「まとまった時間」を確保する
◆スタートダッシュとラストスパートをする
◆スケジュール帳を真っ黒にしない
◆意識的に休憩を取る
◆自分の失敗談を語る
◆目標を公言する
◆ECRS（取り除く・統合する・取り替える・簡素化する）を使って聖域を疑い、変化をつくる

◆不安材料を書き出す
◆ムラがある前提で考える

いずれも習慣になるくらい繰り返し、自分のものにすることが大切だということです。

すぐやるよりも、仕事を「短くやる」習慣を提唱しているのが、『「すぐやる」よりはかどる！ 仕事を「短くやる」習慣』（山本大平著、クロスメディア・パブリッシング）です。

仕事を**「短くやる」**ためには、次の**「5つの原則」**を頭に入れたうえで、多角的なアングルから、それぞれのタスクを俯瞰して考える習慣を身につけることが大切なのです。

1. 優先順位を明確にする
2. 余計なことをしない
3. 先延ばしをしない
4. 人に任せられるものを抱え込まない
5. タイミングを間違えない

そして、具体的なメソッドとして全部で42のコツを記しています。その中で私がとくに心に留めて実践しているものは以下の通りです。

- ◆ロケットスタートより、鳥の目で見る
- ◆仕事の幹（主軸）を見極めて時間配分を決める
- ◆最短ルートでゴールに向かう「逆算思考」
- ◆「想定外」を計算に入れて難しい仕事からやる
- ◆神はスピードに宿る
- ◆仕事の大半は70点でも通用する
- ◆「要約力」を鍛えて、1分で理解できる資料をつくる
- ◆自分の頭で考える力をつけることが、仕事のスピードを上げる近道
- ◆アイデアが足りないときは、「質問力」で情報収集
- ◆「得意」を伸ばすほうが、生産性が上がる
- ◆仕事がデキる人ほど「体調管理」を徹底

◆睡眠不足は「短くやる」の大敵

この本の締めくくりとして著者は、**「仕事を短くやることは、時間を『資産』に変えること」**と述べています。私たちにとって、**時間はお金よりも貴重でレアな資産と見ること**ができるのです。

習慣の力について最後に挙げるのが、**『科学的に「続ける」方法「習慣化」できる人だけがうまくいく。』**（内藤誼人著、総合法令出版）です。この本は、習慣のメカニズムについて解説し、悪い習慣を改めるためのテクニックを紹介しています。

この本の冒頭で著者の内藤氏は、「自分がどんな習慣を持っているのかをしっかりと理解できるようになれば、悪い習慣は、良い習慣に改めることができます」と述べます。新しい習慣をも身につけ、すぐ使える習慣にするためには「思考を変える」ことだとして、以下のコツや裏技を紹介・解説しています。

◆習慣を身につけたいときは午前中にやる

◆お金のインセンティブを用意しておく
◆楽しいと言いながら行動する
◆読書の習慣を簡単に身につける
◆深呼吸で怒りを抑制する
◆とにかく最初は毎日やるようにする
◆新しい習慣を身につける成功率は25％

いずれも私が実践してみて成果を感じているものです。

この本の締めくくりとして著者は、「自己改造をしたいなら、習慣を変えるのです」「習慣を変えると、人は何度でも新しい自分に生まれ変わることができるのです」と述べています。

Column 3 「マインドセット」の名著ピックアップ

『ジェームズ・クリアー式 複利で伸びる1つの習慣』

（ジェームズ・クリアー著、パンローリング）

著者のジェームズ・クリアー氏は、「習慣」「意思決定」「継続的改善」を専門とし、全世界で700万部を突破したシリーズ書籍を執筆するだけでなく講演も多数行い、メルマガ購読者150万人を超えている人気作家です。

この本は、「はじめは小さくて取るに足らないように見える変化でも、何年も続ければ、やがて驚くような成果をもたらす」「誰もが挫折を味わうが、長い目で見れば、生活の質は習慣の質によることが多い」と述べて、良い習慣がいかに人生を好転させるかを説いている本です。

この本の冒頭で、本書は学術論文ではなく実践マニュアルであり、良い習慣を身につけるのに唯一の正しい方法などないが、著者の知っている最善の方法を紹介し、どこから始めても、また変えたいものがなんであろうと効果のある方法だと記されています。

そして、「同じ習慣を続ければ同じ結果に終わる。でも良い習慣を続ければ、どんなことも可能になる」と述べたうえで、**「習慣の4つのステップ（きっかけ・**

欲求・反応・報酬)」から生まれる、次の**「4つの行動」**を提示して説明しています。

1. はっきりさせる
2. 魅力的にする
3. 易しくする
4. 満足できるものにする

この枠組みは、認知科学と行動科学の統合モデルであり、上記4つの行動順に、習慣につながる具体的なコツを紹介・説明しています。

- **毎日1%の改善(=最小習慣)が長期的には大きな改善につながる**
- **努力に対して直線的な進歩を期待するが、成果は遅れて起こる**
- **最小習慣とは、大きな仕組みの一部をなす小さな習慣**
- **アイデンティティは習慣から生まれる**
- **習慣が本当に大切な理由は自分についての信念を得られること**
- **行動変化の第1の法則は「はっきりさせる」**
- **最もよくある2つの「きっかけ」は時間と場所**
- **新しい環境のほうが、新しい習慣が身につきやすい**
- **行動変化の第2の法則は「魅力的にする」**
- **行動に駆り立てるのは報酬の実現ではなく、報酬の予測**
- **自分が承認され、尊敬され、賞賛される行動は魅力的である**
- **行動変化の第3の法則は「易しくする」**
- **習慣形成とは、習慣が次第に自動化する過程のこと**
- **習慣習得のためにかけた時間より、実行した回数のほうが重要**
- **新しい習慣を始めるときは、2分間以内にでき**

るものにする
◆プロセスの始まりを儀式化すると、集中した状態に入りやすくなる
◆行動変化の第3の法則の逆は「難しくする」
◆テクノロジーを使った習慣の自動化は効果的な方法である
◆行動変化の第4の法則は「満足できるものにする」
◆成功する確率を上げるには、自分に合った競争分野を選ぶこと
◆自分に合った習慣を選べば進歩しやすい
◆自分の強みを活かせる有利なゲームが見つからなければ、つくればいい
◆人間は能力ギリギリに挑んでいるときにモチベーションが最も高くなる
◆成功を脅かすものは失敗ではなく退屈
◆習慣＋計画的な練習＝熟練

この本の締めくくりとして著者は、「小さな習慣はただ加算されるのではなく、複利で大きくなっていきます」「小さな変化が驚くべき成果をもたらす、それが最小習慣の力です」と述べています。

複利については、相対性理論を打ち立てた天才物理学者のアイン・シュタインが、「複利は人類最大の発明だ。知っている人は複利で稼ぎ、知らない人は利息を払う」という名言を残していることで有名です。

資産運用に関して、金融商品の中味を検討するときによく出てくる概念ですが、この本では、毎日の少しずつ（1％）の改善の成果が翌日の元本（出発点）として組み入れられて、最初は成果が目に見えなくても、時間をかけて継続し、習慣とすることで、想定できないほどの大きな成果が上げられることを示しています。

実際に、習慣には人生を変えるほどの力があることは、多くの成功者が成功要因として強調しています。

Catch the key points and summarize
good time management from 100 best books

第4章

Career Development

キャリア形成

| 専門性 | 希少性 |

| 差別化 | 働き方 | チーム成果 |

| アウトプット |

第4章は、前章に続いて中期的な視点で、行動を習慣化し、どのようにキャリアをつくっていくのか、そのための「時間のつかい方」について考えていきます。本章も20代から50代くらいまで幅広いビジネスパーソンに役立つ名著の要点を、以下のキーワードを軸に分類して、順に紹介していきます。

- **強み（武器）・専門性**
- **希少性（オンリーワン）・差別化**
- **働き方**
- **チーム成果**
- **アウトプット**

ビジネス環境が大きく変わっていく中で、社会で求められる専門性や働き方も大きく変化しています。どのように時間を使って専門性を磨き、どこでも通用するスキルやキャリアを形成していくのか。きっと多くのヒントを得られる名著の中味を紹介します。

「自分の強み」で勝負する

自分の強みを見つけることは難しいけど、厳選された質問に答えていくことによって、自らが進むべき方向性がわかってくる『「向いている仕事」を見つけよう「人の役に立つ12の資質」から自分の強みがわかる』（トム・ラス著、ダイヤモンド社）という本があります。

著者のトム・ラス氏は元ギャラップ社の幹部で、**「ストレングス・ファインダー」**という、自分の強みを発見するプログラムの共同開発者でもあります。独立してからも、強み、従業員エンゲージメント、ウェルビーイング、リーダーシップに関するコンサルティングを世界各地で展開しています。

この本は、「向いている仕事」とは何かについて、「誰かの役に立つ」「仕事の目的」「誰かを幸せにする」という視点から以下のポイントを提唱しています。

- **あなたは、どのように誰かの役に立っているかで定義される**
- **「弱みを克服する」ことでなく「強みを活かすこと」に時間を投資する**

◆あなたの強みや努力は、世の中に貢献できてこそ価値がある
◆世の中に貢献していると、人は幸福になる
◆仕事に「お金を稼ぐ」以上の目的がある人は、収入が高い
◆「誰かの役に立っている」と実感できる人は、仕事の満足度が高い
◆「自分がどこで貢献できるか（期待されているか）」を明確に理解する
◆大切な人たちの幸福度を高めるような仕事をする
◆できるだけ多くの自由、自律性、裁量権を持つ
◆1日に1時間以上、自分を元気にさせるために何かをする

後半では「人の役に立つ12の資質」を、以下に挙げる通り、3分類に整理して提示しています。

1. 創造する力（始める力、意見する力、教える力、ビジョンを描く力）
2. 関係づける力（繋げる力、元気づける力、共感する力、影響を与える力）
3. 実行する力（進める力、達成する力、適応する力、広げる力）

本書はオンライン診断プログラムと連動していて、巻末にあるキーコードを入力することで、１回だけ上記の**「人の役に立つ12の資質」**のうち、自分の強みである「向いている資質３つ」が提示される仕組みになっているのですが、私もその診断を受けてみたところ、次の３つを提示されました。

1. **始める力**
2. **教える力**
3. **意見する力**

いずれも**「創造する力」**に属しており、ビジネス書の執筆業や研修講師の仕事は、自分の強みが活かされている「向いている仕事」だと納得しました。

専門性を磨いて「武器」にする

専門性を磨く際に、「美意識」を鍛えるというユニークな視点を提示しているのが、**『世界のエリートはなぜ「美意識」を鍛えるのか？ 経済における「アート」と「サイエンス」』**（山口周著、光文社新書）です。この本の冒頭で、世界で唯一、修士号・博士号を授与できる美術系大学の**英国ロイヤルカレッジオブアート（RCA）**が「グローバル企業の幹部トレーニング」に力を入れており、世界のエリートがこぞって学んでいると紹介しています。

世界のエリートが**「美意識」を鍛える背景**として、著者の山口氏は次の3点を挙げています。

1. 論理的・理性的な情報処理のスキルの限界が露呈しつつあり、「正解のコモディティ化」が起きている

2. 世界中の市場が「自己実現欲求的消費」へと向かいつつある

3. システムの変化の制定が追いつかない状況が発生してくる

現在の世界は、技術革新のスピードも速く、先が読めない時代です。そうした中で、「論理と理性」だけで解決策を考えると、みな同じ答えにたどり着いてコモディティ化が起こり、かつ有効な手立ても示せないのです。

そこで全体を直感的にとらえる感性と、**「真・善・美」**が感じられる打ち手を内省的に創出する構成力や創造力が求められる、と同書では説明しています。

心理学者のエイブラハム・マズローが提唱した「人間の欲求5段階説」における**「自己実現の追求」**は、これまで全人口のほんの一握りの人たちのものでしたが、世界中に広まった豊かさが、それをほとんどすべての人々に広げることになったと言います。そうした**自己実現欲求の市場**で戦うには、精緻なマーケティングスキルを用いて論理的に「機能的な優位性」や「価格競争力」を形成する能力よりも、**人の承認欲求や自己実現欲求を刺激するような感性や美意識**が重要になる、と著者の山口氏は指摘しています。だから世界のエリートは「美意識」を鍛えるのです。

私たちの身近な製品でも、羽根のない扇風機を生み出したダイソンや、誰でも理想的な焦げ目をつけてパンを焼くことができるトースターが大ヒットしたバルミューダなど、自己実現欲求を刺激するヒット製品が次々に誕生しています。

『Think CIVILITY「礼儀正しさ」こそ最強の生存戦略である』（クリスティーン・ポラス著、東洋経済新報社）は、職場の無礼さがいかに組織に損害を与え、パフォーマンスを低下させるかを説き、「礼節を高めるメソッド」を提示しています。私も注意しながら実践している項目は以下の通りです。

- **自分の言動を他人からのフィードバックで知る**
- **運動、睡眠、栄養をしっかり取ることも大切**
- **礼節ある人が守る3原則▽①笑顔を絶やさない、②相手を尊重する、③人の話に耳を傾ける**
- **無意識の偏見（アンコンシャス・バイアス）に対する意識を高める**

同書の後半では、「礼節ある会社になる4つのステップ」を次の通り紹介しています。

1. **礼節ある人を見極める採用システム**
2. **礼節を高めるコーチング**
3. **誤った評価システムを改善**
4. **無礼な社員とどう向き合うか**

この本を読むと、**礼儀正しさ**によって自らの強みが磨かれて、「最強の武器」になることがよく理解できます。

知識の幅広さによって強みが磨かれると提唱しているのが、**『RANGE 知識の「幅」が最強の武器になる』**（デイビッド・エプスタイン著、日経BP）です。

現代は技術革新のスピードが速く、専門分野が細かく分かれる「超専門家」（スーパースペシャリスト）が増える傾向にあります。早くから専門化したほうが競争に勝てるという考えから、スポーツや音楽の分野などでは早期教育が盛んになっています。

しかしながら、同書では、そうした「超専門化」が成功しやすい分野は、実は非常に限定されている、としています。たとえば、ゴルフやチェスなどルールが明確で、迅速かつ正確なフィードバックが得られる「学習環境が親切」な領域だけなのです。

つまり、世の中の大半の領域では、多くの分野に精通して、知識と経験の幅を広げているゼネラリストのほうが成功しやすいことが、さまざまな学術研究や調査で裏付けられている、と著者は述べています。

以上のことから、この本の結論は以下の3点に集約されます。

1. 幅広い知識や経験がクリエイティブな成果を上げる鍵になる
2. 早く効率的に学ぶより、ゆっくり回り道をして学ぶほうが効果的
3. 自分の可能性を試すことが、最適な仕事を見つけることになる

多くの分野に精通している人のほうが、幅広い知識を未知の分野に応用するアナロジー（類推）という思考ができて、クリエイティビティを発揮しやすいのです。

専門性を組み合わせてオンリーワンになる

多くのスモールビジネスの起業家に影響を与え、再現性のある理論が支持されているのが『１００万人に１人の存在になる方法 不透明な未来を生き延びるための人生戦略』（藤原和博著、ダイヤモンド社）です。

著者の藤原氏はリクルート出身で、民間人として初めて公募で選ばれて公立中学校の校長（東京都杉並区立和田中学校 校長）を務めた「教育改革実践家」です。藤原氏は自ら実践したキャリア形成法を**「クレジットの三角形理論」**と名付け、１００人に１人の専門性を３つ掛け算して組み合わせることで、**１００万人に１人の存在という「希少性」**を手に入れることができ、稼ぐ力が大きく向上すると説明しています。

１つの専門性を身につけるには、一般的に１万時間の勉強や実践が必要と言われており、それを10年単位の計画で生涯に３つ獲得すれば、一生食べるのに困らないオンリーワンの存在になれるということです。

1/100 × 1/100 × 1/100 = 1/1,000,000

という数式になります。年間に生まれてくる子どもの数は今や80万人を切っており、100万人に1人とは同年齢でたった1人の存在です。藤原氏は、1つの専門性だけでそれを達成しようとするとオリンピックのメダリスト級だが、3つの専門性を組み合わせることなら誰でも再現可能な方法だと述べています。

具体的な専門性の身につけ方として、同書では次の3ステップを示しています。

1. 20代で就く1つ目のキャリアで1万時間（5〜10年）夢中で仕事をして、プロの専門家としての足場をつくる（100分の1の存在）
2. 30代で、異動や転職により、2つ目のキャリア（軸足）を1万時間頑張ってつくり、1つ目のキャリアと掛け合わせて1万分の1の存在に
3. 40〜50代で、3つ目のキャリアとして、できるだけ離れた高い頂点へ飛んで100万分の1の存在に（三角形が大きいほど「希少性」が増し、価値が出る）

藤原氏自身は、20代でリクルートにおいて「プレゼン・営業力」という1つ目の専門性を、30代で「リクルート流マネジメント」を管理職として習得して２つ目の専門性を、そして杉並区立和田中学校の校長として行った「教育改革実践」で３つ目の専門性を獲得しました。**「プレゼン・営業力」「リクルート流マネジメント」「教育改革実践」という専門性の組み合わせ**ができる人は世の中にいなかったので、まさに１００万人に１人の希少性を持った存在になり、さまざまなキャリア形成が可能になりました。

この**３つの専門性の組み合わせでオンリーワンになって稼ぐ「クレジットの三角形理論」**は真似する起業家も多く、再現性のある人気メソッドです。私も57歳で会社員を卒業して**「定年ひとり起業」**をするときに、**「ビジネス書の多読」「銀行員として培った財務リテラシー」「多彩な発信力」という３つの専門性**を組み合わせることでオンリーワンの存在になることを目指し、起業３年目で会社員時代よりも稼げるビジネスモデルを構築しました。

自分の市場価値の分析や市場価値を上げる具体的な方法を発信している北野唯我氏が書いた**『これから市場価値が上がる人 自分だけの強みが見つかる41の考え方』**（北野唯我著、ポプラ新書）も示唆に富む良書です。市場価値や働くことの本質を一緒に考えていくために、個人の日々の仕事や普段の生活にフォーカスして、市場価値を高めるために、「仕事ができる人」「強みを伸ばせる人」になるには、どうやって日々の仕事と向き合えばいいのかということを語っています。

この本の冒頭では、**「市場価値の測り方」**として、**自分の給与の期待値を**、次の**3つの要素の掛け算で考える**という手法を紹介しています。

- **1人当たりの業界の生産性（業界の人が生み出す付加価値、業界の伸び）**
- **人的資産（会社や組織が変わっても仲間や顧客がいるか）**
- **技術資産（専門性や経験）**

本書でとくに興味深く、私も実践しているのが、「悩みを強みに変える思考法」および「市場価値を最大化できる人はこれをやっている」について解説している部分で、主なポイントは次の通りです。

- **「成功」は約束できないが、「成長」は約束できる**

◆意識すべき3つの思考法▽①論理的思考、②そもそも論、③アナロジーシンキング
◆「理論」を得る定番は「読書」
◆「社会全体の富を増やす」アウトプットを
◆歴史を学ぶと壁がわかる、未来を学ぶと次のゴールがわかる

市場価値の観点から同様の考え方で、会社の中だけで通用する「組織人」ではなく、長期的に自らの専門性を深める「職業人」になることを提唱しているのが、『会社のなかの「仕事」社会のなかの「仕事」資本主義経済下の職業の考え方』（阿部真大著・光文社新書）です。職業人としての能力低下は組織マネジメント上も大きな問題になります。

キャリアの中で何らかのチャレンジをしたいと考えている会社員のために書かれた実用書である『キャリア弱者の成長戦略』（間中健介著、新潮新書）は勇気を得られる本です。「組織で真面目に役割を果たしてきたビジネスパーソンであれば、誰にでも経験とスキルがあります。ちょっとだけマインドセットを変えて一歩動くことができれば、何度で

も、新たな地位や役割を得たり、独立、起業そして学びができたりする時代です」と著者は述べています。

本書の後半にある「今日から始める23の成長戦略」は参考になります。私が実践している主なポイントは以下の通りです。

- ◆ふるさと納税をする
- ◆「ねんきん定期便」に目を通す
- ◆睡眠時間を基本に1日のスケジュールを組む
- ◆運動で老化を遅らせる
- ◆手を動かす時間、頭を使う時間を分ける
- ◆3人のロールモデルを集める
- ◆未来を考える10分間を持つ
- ◆「5年後のキャリア」のために働き続ける

新しい働き方でキャリアを形成する

ユニークな働き方や仕事術を披露している本を4冊紹介します。いずれも個性あふれる内容ですが、きっとあなたに合ったキャリア形成のスタイルが見つかると思います。

1冊目は、『多動力』（堀江貴文著、幻冬舎文庫）です。この本では、「すべての産業が水平分業型モデルとなり、タテの壁が溶けていく。こうした時代には、各業界を軽やかに越えていく越境者が求められ、越境者に最も必要な能力が〝多動力〟だ」と提唱しています。著者の堀江氏によれば、「多動力」とは何万の仕事を同時に動かす「究極の力」で、この時代の必須スキルだとしています。

堀江氏はツイッター（現在の「X」）で「寿司職人が何年も修業するのはバカ」と投稿して大炎上した事件を引き合いに出して、「あなたの貴重な時間を情報を得るために使ってはいけない」と説き、オープンイノベーションで「情報」それ自体に価値はないと説いています。

また、「石の上にも三年」を否定しながらも、先述した藤原和博氏が提唱する、1万時間をかけて1つの専門家になることを3回繰り返し、「3つのスキル」を組み合わせることで、「100万分の1の存在」になることについては推奨しています。

たとえば、NewsPicksの佐々木紀彦元編集長のケースを紹介し、「記者×編集者×ビジネス開拓」という3足のワラジは、新しいメディアを立ち上げる会社にとっては喉から手が出るほど欲しい人材、と述べています。

著者の堀江氏は、あえて反発を引き出して、自らを目立たせる手法として以下のような「過激発言」をブランディングに活用しています。

- **ベストセラーはコピペ本**
- **手作り弁当より冷凍食品のほうがうまい**
- **見切り発車は成功のもと**
- **飽きっぽい人ほど成功する**
- **すべての仕事はスマホでできる**
- **仕事の速さはリズムで決まる**
- **仕事の質は睡眠で決まる**

2冊目は、『**働き方 完全無双**』（ひろゆき著、大和書房）で、「能力なんてものは存在しない」と言い切り、何か新しいサービスの上にいる人は、「たまたまそこにいる」というだけで突然、ゲタを履ける時期がある、と述べています。2ちゃんねるの成功から、紆余曲折を経ながらYouTube動画の発信でブレイクしている著者らしい考え方です。

本書では、「個人として、ワンチャンを狙いながら幸せを目指す」という生き方を勧めています。要するに、世の中、何が当たるかはわからないものです。だったら、「新しいこと」にはとにかく首を突っ込んどけ、というのが著者の主張です。

そのほか、**ひろゆき流の個人の生き残り戦略**が説明されています。以下のような戦略です。

- **さっさと寝る**
- **「絶食」の勧め**
- **腰痛は冷やさないこと、肩凝りは筋トレで解決**
- **依存をなくす**
- **激しい運動より「歩け」**

◆「弱い個人」も戦える

3冊目は、『佐久間宣行のずるい仕事術』(佐久間宣行著、ダイヤモンド社)。著者の佐久間氏は元テレビ東京の番組プロデューサーで、22年間の会社勤務の知恵を公開したのが同書です。円満退社のため、独立後も引き続きテレビ東京の番組プロデューサーを務めるなど、組織でうまく立ち回るノウハウ、ずるい仕事の進め方がよくわかります。

仕事、チーム、人間関係、企画術、メンタルというテーマで独自のノウハウを紹介・説明していて、私がとくに参考にしたものを以下に挙げます。

- ◆「楽しそう」を最強のアピールに
- ◆「雑務」こそチャンスに変える
- ◆「すぐやる人」が結局残る
- ◆会議は「事前準備」で勝て
- ◆「メンツ地雷」を踏んではいけない
- ◆「褒める」は最強のビジネススキル

- **人を責めずに「仕組み」を変える**
- **悩みは「因数分解」で考える**

4冊目は、**『誰とでもどこでも働ける 最強の仕事術』**（山葉隆久著、自由国民社）です。「様々な変化に先駆けて、皆さん一人ひとりが自分のキャリアに興味を持ち、自立的にキャリアを開発することが重要です」と述べている著者の山葉氏が、**「生産性の高い働き方を磨き続けるマインド」**を以下のように提示しているのですが、たいへん参考になります。

- **どうすればできるかを考える（悩む時間を限りなく短くする）**
- **やることを整理して優先順位をつける**
- **計画は最良だけでなく最悪も想定する**
- **面と向かってするのがコミュニケーションの基本**
- **会議は次にすることを決める場**
- **会社に自分のキャリアを委ねない**

◆働けるうちは働く
◆働き続ける、転職、独立起業の現実を知り、準備をする
◆一歩踏み出すと、見える世界が大きく変わる
◆「Planned Happenstance Theory」で今を一生懸命に生きる

「Planned Happenstance Theory」とは、クランボルツ米スタンフォード大学教授が提唱した「計画された偶発性理論」と訳され、「キャリアというものは偶然の要素によって8割は左右されるが、その偶然に備えてポジティブに準備してきた人だけがチャンスを活かせる」という理論です。

いずれもビジネスの基本と言える至言で、100%共感することばかりです。

チームの成果を上げてキャリアをつくる

「ルールには厳しく、コミュニケーションは優しく、が原則です。ルールとコミュニケー

ションは分けて考えるべきですね」とメンバー・マネジメントの極意を説明しているのが、**『伴走するマネジメント』**（和田真二著、自由国民社）です。

著者の和田氏は、優秀ではないメンバーを成長させながら業績にもつなげられるマネジメントを追求し、「伴走するマネジメント」というコンセプトを提唱しています。具体的には、以下のポイントです。

- **伴走するマネジメントは「指示管理型」を軸に**
- **伴走は視界共有から始まる、視界共有しないとランナーは安心して走れない**
- **メンバーの視界はマネジャーより低い**
- **専門性の自立、思考の自立、行動の自立**
- **視界を共有するフレームワーク Reflects**
- **Result、framework、level、episode、cost、time-bound、strategy**
- **戦略とは、機会と強みに従って要素を絞ること**
- **視界共有の Reflects シート**

また、この本の締めくくりとして著者は、以下の過去に流行した言葉と現在の言葉を比較して、進化ではなく本質は変わっていないと述べています。

◆ミッション ⇒ パーパス
◆コーチング ⇒ 1 on 1
◆モチベーション ⇒ エンゲージメント

著者の和田氏は、①マネジメントの全体像を示す、②普遍的で再現性のある考え方やスキルに絞る、③実務で明日から使える内容にする、の3点を念頭に置いて本書を執筆しており、わかりやすく実践的な内容になっています。

『相手に「やりたい！」「欲しい！」「挑戦したい！」と思わせる ムズムズ仕事術』（市川浩子著、あさ出版）は、部下のモチベーションを上げて「動かす」ことができる「ムズムズ仕事術」を提唱しています。

「ムズムズ」とは、相手をその気にさせることで、さまざまなビジネスシーンで使える、と著者の市川氏は述べています。具体的な手順・原則やポイントは以下の通りです。

◆相手が動きたくなる理由をつくる
◆使命感でも人は動く
◆「わかってくれる人」を、人は信頼する
◆真の動機を見つけられたら、相手は自然とムズムズする
◆①自分の視点、②相手の視点、③全体の視点の3つの視点で伝える
◆「正しい」ではなく「楽しい」で人は動く
◆教えようとせず、伴走者になる
◆得より損を伝える

上記の原則は、そのままお客さまをその気にさせて買っていただくことにも共通すると著者は述べています。

多様な価値観が顕在化し、働くことの意味が変化する中、上司からの指示や会社の方

針に従うのが絶対という時代は終わったという認識のもとで、「フラット・マネジメント」という考え方を提唱しているのが、**『フラット・マネジメント「心地いいチーム」をつくるリーダーの7つの思考』**（電通若者研究部ワカモン著、エムディエヌコーポレーション）です。「こうすれば正解」という答えがない、予測がつかない時代にあっては、リーダーは「フラット・マネジメント」に必要となる、次の「7つの思考」を持つべきだと説明しています。

1. 固定観念より新しい価値観
2. 会社の都合より部下自身の「納得解」
3. 費用対効果より時間対効果
4. 大きなビジョンより小さなアクション
5. 上から目線より横から目線
6. 嫌われない建前より丁寧な本音
7. リッチキャリアよりサステナブルライフ

難しい時代だからこそ、リーダーには多様な結果が求められ、効率的に働くことが重要になってくる、というのがこの本の結論です。

キャリアを切り拓く「アウトプット」

キャリアを切り拓くために最強の武器になるのは「言葉にできる」というアウトプット力だと提唱しているのが、**『「言葉にできる」は武器になる。』**（梅田悟司著、日本経済新聞出版）です。この本は、元電通コピーライターの梅田氏が「どうやって伝わる言葉を生み出しているんですか？」という周囲の問いかけに答え、自分の中にある思いを言葉にする方法を体系化するために書かれたものです。

本書の最初で、正しく考えを深めるため、以下のような**「思考サイクル」**を説明しています。

1．頭にあることを書き出す〈アウトプット〉

2. 「T字型思考」で考えを進める〈連想と進化〉
3. 同じ仲間を分類する〈グルーピング〉
4. 足りない箇所に気付き、埋める〈視点の拡張〉
5. 時間を置いて、きちんと寝かせる〈客観性の確保〉
6. 真逆を考える〈逆転の発想〉
7. 違う人の視点から考える〈複眼思考〉

さらに、「言葉を生み出す心構えを持つこと」として、以下の6つのポイントを挙げています。

1. たった一人に伝わればいい〈ターゲッティング〉
2. 常套句を排除する〈自分の言葉を豊かにする〉
3. 一文字でも減らす〈先鋭化〉
4. 動詞にこだわる〈文章に躍動感を持たせる〉
5. 新しい文脈をつくる〈意味の発明〉

6. 似て非なる言葉を区別する〈意味の解像度を上げる〉

そのほかにもコピーライターの著者らしく、伝える力のあるメッセージがちりばめられ、心に訴える言葉があるので、最後に紹介したいと思います。

- ◆思考の深化なくして、言葉だけを成長させることはできない
- ◆気持ちをはっきりと認識できたとき、言葉は自然と強くなる
- ◆とにかく書き出す、頭が空になると考える余裕が生まれる
- ◆「いつか」はいつまでもやってこない、やる気を行動に変える
- ◆考え抜かれた言葉は、人々を導く旗になる
- ◆体験の幅を広げることが、動詞の幅を広げることにつながる
- ◆言葉を生み出すために必要なのは、動機である
- ◆言葉にできないということは、言葉にできるだけ考えられていないことと同じである

同じく電通のコピーライターですが、こちらは現役の荒木俊哉氏が書いた『**瞬時に「言語化できる人」が、うまくいく。**』（荒木俊哉著、SBクリエイティブ）もアウトプットの重要性がよくわかる本です。

同書の冒頭では、コミュニケーションの本質は「伝え方」より**「言語化力」**であり、実は私たちの仕事のすべては**「言語化」**から始まります、と記されています。そして、「人は伝え方より言語化力で評価される」および「どうしたら言語化できるようになるのか？」について、以下のポイントを説明しています。

- **「言語化力」とは、「モヤモヤを言葉にする力」**
- **会議もプレゼンも、言語化力がないとうまくいかない**
- **資料作成も企画書も、言語化力がないとうまくいかない**
- **コミュニケーションは「何を言うか」（言語化）と「どう言うか」（伝え方）**
- **仕事の評価は「どう言うか」より「何を言うか」で決まる**
- **「何を言うか」にこそ、あなた独自の視点がある**

続いて本書では、「瞬時に言語化するトレーニング」が紹介されています。そして、次のポイントを提示しています。

- **さらに「言語化力」を磨くコツは、「経験を思い出す」こと**
- **経験とは「できごと」＋「感じたこと」**
- **感情にフォーカスする**
- **言語化の3ステップは、①「できごと」を思い出す、②「感じたこと」を思い出す、③「感じたこと」を伝わる言葉で表現する**
- **できるだけ「端的な言葉」にする**

皆さんもぜひトレーニングで「言語化する力」を身につけ、アウトプットを強化してみませんか。

Column 4 「キャリア形成」の名著ピックアップ

『アウトプット思考 1の情報から10の答えを導き出すプロの技術』

（内田和成著、PHP研究所）

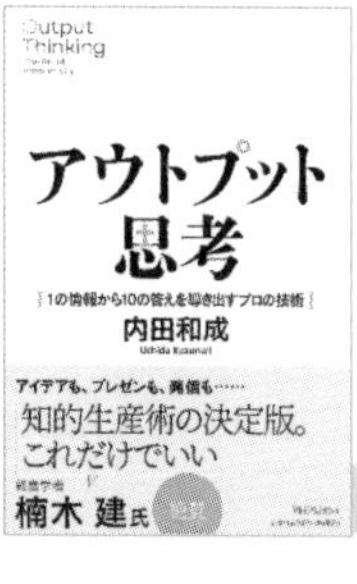

この本では、「人と同じ情報源を元に、人と同じような発想をしていては、仕事で差別化することは今後ますます難しくなり、より若い人やAIに置き換えられてしまう可能性が高くなる」と述べられています。

著者の内田和成氏は、東京大学工学部卒業後、日本航空に入社、在職中に慶應義塾大学大学院経営管理研究科修了（MBA）、ボストン・コンサルティング・グループ（BCG）入社、同社のパートナー、シニア・ヴァイス・プレジデントを経て、2000年から2004年までBCG日本代表を務め、2006年に早稲田大学教授に就任、早稲田大学ビジネススクールでは競争戦略やリーダーシップを教えるかたわら、エグゼクティブ・プログラムに力を入れ、現在は早稲田大学名誉教授です。

この本で著者の内田氏は、肌感覚とも言えるアナログ情報を活用して、他人に先駆けて世の中の変化に対応し、新しいものを生み出すことに力点を置いた知的生産術を提唱しています。いくら多くの情報を集めても、その情報が誰でも手に入るものであれば、差別化するのは難しく、これがインプットから入るアプローチの弱点だ、ということです。

そして、「アウトプットから始める情報術」として、以下のポイントを提示しています。

- **情報通では「差別化」できない時代に**
- **網羅思考のワナ、下調べではなく「考える」時間を増やすべき**
- **「目的を達成すること」が仕事、そのための手段が「作業」**
- **情報は整理するな、覚えるな、検索するな**
- **情報の3つの目的：①意思決定、②アイデアの元、③コミュニケーション手段**
- **優れたリーダーは、3割の情報で意思決定する**
- **情報格差を見える化すれば、会話がスムーズになる**
- **議論が紛糾したら、あえて「土台に立ち戻ってみる」**

- **「時間差アプローチ」でアイデアを尖らせる**
- **情報に飛びつくのではなく、「その先に何があるのか」を考える人が成功する**
- **情報を「ミクロ」「マクロ」「掘り下げ」の3つの視点で考える**

さらに、差別化の第一歩、および「知的生産の秘蔵のノウハウの引き出し」について、以下のポイントを紹介しています。

- **プロフェッショナルはつねに「役割期待」（ポジション）を意識する**
- **「どうしたら周りの人と差別化できるか」というパーソナルブランディング**
- **世の中に「正しい答え」などない**
- **仮説をもって自分のスタンスを明確にする**
- **仮説思考、論点思考、右脳思考、ビジネスモデル（プラットフォーム）**

- ◆ゲームチェンジ、リーダーシップ、パラダイムシフト、コーポレートガバナンス
- ◆経営者育成、運（勘）、社外取締役、シェアリングエコノミー、イノベーション
- ◆自動運転、ＥＶ、イスラエル、MaaS、ブロックチェーン、GAFA、ＡＩ
- ◆パワフルな事例を自由に引き出す
- ◆情報の流れの中に、デジタルだけでなく、アナログを入れる
- ◆素人が一番勝ちやすいのは、「情報を足で稼ぐ」こと
- ◆情報発信は「受け手意識」が大切

「MaaS」とは、**Mobility as a Service**の略で、鉄道・バス・飛行機・船舶など複数の公共交通機関・移動手段の中から最適な組み合わせを即時に選び出し一括して予約・決済ができる移動サービスのことです。

同書の後半では、**「情報の集め方や扱い方」**について、次のようなポイントが書かれており、たいへん参考になります。

- ◆圧倒的にパワフルな現場の「一次情報」
- ◆膨大な資料を短時間で読み解く「仮説」と「異常値」
- ◆自分だけの情報源「人脈ネットワーク」
- ◆紙媒体のメリットは「アイデアの元になる情報」を引き出しに入れやすいこと
- ◆「アウトプットから始める読書」で最短で情報を手に入れる

この本を読めば、１の情報から10の答えを導き出すプロの技術である「アウトプット思考」を的確に身につけ、実践することができるようになるはずです。

第 5 章

Realization of Well-being

幸せの実現

| 夢 | 目標 | 幸せな働き方 |

| 問題解決 | 生きがい |

| 人生のミッション |

第5章は、長期的な視点で、夢や目標の達成、生きがい、人生のミッション（使命）を見つけることで幸せを実現していくこと、そのための「時間のつかい方」について考えるのに最適な名著を取り上げていきます。続く第6章では、さらに人生100年時代のライフシフトについて考察します。本書の後半部分にあたる第5章・第6章はすべての世代に役立つ名著の内容をお伝えします。まず、第5章では、以下のキーワードにフォーカスして選択した名著を紹介していきます。

- **夢・目標**
- **幸せな働き方**
- **問題解決**
- **生きがい**
- **人生のミッション**

夢をかなえる法則がある

夢をかなえる仕事のヒントとして、「成功曲線」を描くことを紹介・説明している『「成功曲線」を描こう。夢をかなえる仕事のヒント』（石原明著、大和書房）は、多くの成功者から「その通りだった」と絶賛されている本です。

私たちは得てして、かけた時間や努力に比例するペースで効果が出て成功に向かうとイメージしてしまいますが、実際の成果はそのように比例して上がるのではなく、取り組み始めた当初はなかなか結果が出ないのが一般的だというのが「成功曲線」の形です。

ところが、成果が出なくても淡々と努力を続け、それが無意識に行動する習慣にまでなると、ある日突然、ブレイクポイントが現れ、一気に成果が出る瞬間がやってきます。

たとえば、英語の学習を続けていたら「ある日突然、英語が聞こえるようになった」とか、楽器の練習で、「ある日突然、難しい曲をスムーズに演奏できるようになった」というのはよく聞く話です。

新しいチャレンジをして努力を続けていると、最初はさっぱりその努力の結果が目に見える形にはならないけれど、それでも継続していると、一気に成果が出る瞬間がやってくるというのが「成功曲線」です。しかも成果が出始めた後は、逆に想像もしていないくらいの大きな成果になっていく、というのが著者の石原氏が同書で伝えたいことなのです。

そのために大切なのは、何度挫折をしても、とにかく何度でもチャレンジすること。成功するための唯一の方法は、「挑戦をやめないこと」だそうです。

若い世代の目線で、「仕事をする中で役立った」コツをインスタグラムで発信し、そのコンテンツを整理・解説して書籍化したのが、『「夢を手に入れる」人がやっている時間術』（aya著、自由国民社）です。

この本では、「サクサク仕事ができるようになるルーティン」など、少しの工夫で周りを巻き込みながら仕事のスピードとクオリティを上げていくコツが紹介されていて、夢をかなえるための参考になります。私も共感して実践している時間術は次の通りです。

◆メール処理にマイルールを決める

◆議事録はフォーマットにメモして作成
◆質問への返信はテンプレート化する
◆紙の本を書店で購入
◆部屋は見えるところを綺麗にする
◆５Ｗ１Ｈを伝えてお願いする
◆必ず結論から話す工夫を
◆褒める言葉はためらわず使う

新たなチャレンジをしていると、持ち時間を長く感じることができると提唱しているのが、**『仕事の量も期日も変えられないけど、「体感時間」は変えられる』**（一川誠著、青春出版社）です。この本は、**時間との付き合い方**について、個人レベルでの調整のために役に立ちそうな、人間の心身の特性についての認知心理学や周辺諸科学の知見やアイデアを紹介している本です。

私たちは年齢を重ねるごとに、時間が経つのが早く感じるものです。なぜでしょうか？　ひとつの答えとして、19世紀フランスの哲学者ポール・ジャネーが提唱している**「ジャ**

ネーの法則」があります。**「人生のある時期に感じる時間の長さは年齢の逆数に比例する」**という法則です。

たとえば、10歳の子どもにとって、直近の1年間は人生全体の10分の1という長さですが、50歳の大人にとって、最新の1年間は人生全体の50分の1となり、あっという間に過ぎてしまうと感じるのです。10歳の子どもは毎日、何か新しい体験や発見をするので、それだけ日々の出来事が強く記憶に残り、充実して感じられるのです。

一方、50歳の大人はめったに新しいことに出会わないため、記憶に残ることもなくあっという間に時が過ぎ去るように感じるというメカニズムです。毎日出会うことの50分の49は既に経験している出来事になるので、印象にも残らないのです。

では、50歳の大人が体感時間を長くするにはどうすればいいのでしょうか？　それは、子どものように**新しいことにチャレンジする**ことです。著者の一川氏は、**したいことノートで、人生で自分がやりたいことを整理する**ことや、**失敗しない人生より、失敗しても、自分の意思で「道」を選ぶ人生**を勧めています。

『限られた時間を超える方法』（リサ・ブローデリック著、かんき出版）も、私たちの意識を変えることで、時間それ自体は不変なのに、自分の感じ方で、1時間が長くも短くも感じることを指摘し、その要因を考察しています。つまり、時間とは「感覚」であることを、科学的に説明しています。

ベストセラー作家・百田尚樹氏が時間について深く語っている『成功は時間が10割』（百田尚樹著、新潮文庫）には、興味深いメッセージが数多く記されています。百田氏は、人生の成功者とは時間を征服した者で、それは「充実した時間を得た者」だとしています。先に紹介した書籍と共通で、「時間」とは感じ方であり、心で決まるということを次のようなメッセージで記しています。

- **「時間の長さ」は心で決まる**
- **年齢で「時間」の流れの速さが変わる**
- **中年以降の人生が短いと感じるのは、①時間の比率が違う、②感動や驚きが減るから**
- **楽しい時間の長さが人生の長さ**

◆「努力する人」は時間の投入に優れた人
◆言葉は人類が「時間」を超えるために作られた
◆成功を望むなら、「今やるべきこと」を今やる
◆未来の人生は予測可能

幸せな働き方はパフォーマンスを上げる

アメリカのポジティブ心理学をベースにして、日本人を対象とした調査を中心に研究を重ね、**「幸福学」**の第一人者と呼ばれる前野隆司・慶應義塾大学大学院教授が書いた**『幸せに働くための30の習慣 社員の幸せを追求すれば、会社の業績は伸びる』**（前野隆司著、ぱる出版）では、幸せな社員は創造性も生産性も高いことを明らかにしています。

私たちは日々、健康に気をつける（気を配る）ということを当たり前に行っていますが、同じように**「幸せに気をつける（気を配る）」**ことを著者の前野氏は提唱しています。

具体的に、幸せに気をつけるという観点で、**「やるといいこと」**を全部で**30の習慣**に整

理して紹介しているのがこの本です。私も実践している習慣で、創造性や生産性が向上していている効果を実感しているのは以下の通りです。

◆スマイルは幸福度を上げる最も簡単で手軽な方法
◆自然に触れ、感性を育てる
◆嫌な出来事をポジティブに変換する
◆「ありがとう」に感謝の理由を添える
◆ワクワクすることを１００個書き出す
◆好奇心のスイッチを入れて相手の話を聞き、自己開示をする
◆商品に携わる人の思いやこだわり、ストーリーを知る
◆「成長」と「貢献」を意識した目標を自分で決める
◆労働時間より「ストレスなく働けているか」に意識を向ける

幸せと成果を両立する「モダンワークスタイル」のすすめ

幸せと成果を両立する新しい働き方を提案しているのが、『新しい働き方　幸せと成果を両立する「モダンワークスタイル」のすすめ』（越川慎司著、講談社）です。著者の越川氏

は元日本マイクロソフト業務執行役員で、現在は独立して週休3日制の幸せな働き方を実現している起業家です。

この本で提唱しているのは、**「時間・場所・会社に縛られない働き方」**で、まさに変化に対応して進化するワークスタイルだ、と説明しています。

日本マイクロソフトでは、新型コロナウイルス感染症が発生する前から、従来の「在宅勤務制度」から一切の制約を取り払った、新しい「テレワーク勤務制度」を導入しました。その結果、事業の生産性26％アップ、女性の離職率40％減少、紙の書類49％削減、ワークライフバランス満足度40％向上など、めざましい成果を挙げています。

越川氏がこうした**「モダンワークスタイル」**を導入する改革を進めるベースになった金言が紹介されていて、その中で私も心に留めている言葉を以下に紹介します。

- **不確実性というリスクを負えるかどうかでスピードが決まる**
- **100％の情報より即座の実行**
- **説明より提案をしてくれ**
- **メンバーの成功がリーダーの成功**

◆健康が最高優先順位
◆目標を意識して今日を過ごす

付加価値を提供する仕事術

お客さまを幸せにするポイントとして**「付加価値」**にフォーカスしている本が、**『「キーエンス思考」×ＣｈａｔＧＰＴ時代の付加価値仕事術』**（田尻望著、日経ＢＰ）です。この本は、日本屈指の高収益企業・キーエンスが成果を生む秘訣である「付加価値」をつくるためのプロセスを、ChatGPTで〝完コピ〟するための手法を詰め込んでいます。

著者の田尻氏は、株式会社キーエンスにてコンサルティングエンジニアとして、技術支援、重要顧客を担当してきた経歴を持ち（現在は独立）、顧客の問題解決を中心とした付加価値を提供するビジネスモデルに精通しています。

本書は、付加価値提供の思考と、ChatGPTの活用を掛け合わせた仕事の進め方を、具体的に紹介・解説していて参考になります。

とくに興味深かったのは、顧客自身が気づいていない潜在的な「ウォンツ」を見つけ出し、「付加価値」として提案する手法です。主なポイントは以下の通りです。

- **付加価値とは、「人を楽にすること」**
- **「お金」と「時間」の約束を守る**
- **「それは何のために？」という問いかけ**
- **市場にある情報・知識を吸収して体系化する**
- **仮説を立てて、高速でＰＤＣＡを回す**

「あなたはビジネスでお客様にどんな価値を提供しているでしょうか？」と問いかけ、「すべての経済活動は顧客の問題解決である」と述べている本が、『ビジネスエリートになるための 投資家の思考法 The Investor's Thinking』（奥野一成著、ダイヤモンド社）です。この本の冒頭には、顧客へ提供する付加価値を徹底的に高めているキーエンスの事例が紹介されていて、「付加価値の高い事業をやっている会社しか高い給料は払えない」と説明しています。

つまり、仕事ができる人とは、顧客に付加価値を提供できる人であり、そういう企業が企業価値を向上させて株価も上がっていくということです。こうした投資家の思考法を持つために、著者はさまざまな視点でメッセージを記していますが、私がとくに役立つと考えて実践しているのは次の通りです。

◆問題解決が複雑化している
◆お金は「ありがとう」のしるし
◆顧客にとっての付加価値を特定し、競争優位性を持つこと
◆事業の経済性とは、①付加価値、②競争優位性、③長期潮流
◆「産業バリューチェーン」のスマイルカーブを理解する
◆企業は働く人のための場所ではなく、顧客の問題を解決する場所
◆重要な20％を特定できれば、重要でない80％を捨てることができる
◆若者は「時間」という重要な資産を持っている
◆利益は「顧客・社会の問題解決」の対価

「産業バリューチェーン」のスマイルカーブについて、たとえば携帯電話が消費者に届くまでの工程で説明します。企画設計、原材料調達、部品製造、組み立て加工、完成品チェック、販売といった付加価値の連鎖（これを「産業バリューチェーン」と呼びます）があり、工程の推移を横軸に、各工程での付加価値の大きさを縦軸にとってグラフ化すると、川上の企画設計工程と川下の販売工程における付加価値が大きくて、中間の工程（原材料調達〜完成品チェック）の付加価値は相対的に低くなります。それを曲線で表したときに、笑っている口の形に似ていることから「スマイルカーブ」と呼ばれるのです。つまり、ビジネスとして考えれば、川上の企画設計（iPhoneではアップルが担当）や川下の販売（アップルストアなどが担当）に最も大きな利益が発生することになります。

問題解決のプロセスを詳しく解説しているのが、『**完全無欠の問題解決 不確実性を乗り越える7ステップアプローチ**』（チャールズ・コン、ロバート・マクリーン著、ダイヤモンド社）です。この本では、著者たちがマッキンゼー社で長年実践してきた実績のある方法論をアレンジし、これまでなかった問題解決の体系的なプロセスを紹介しています。

「複雑な問題解決」は、現代で最も求められるスキルだとして、問題解決で決定的に

重要な７つの問いを以下の通り挙げています。

1. 意思決定者のニーズを満たすために、どのように問題を的確に定義するか？
2. どのように問題をばらばらに分解し、検討すべき仮説を立てるか？
3. やるべきこと、やるべきでないことの優先順位をどのようにつけるか？
4. どのように作業計画を策定し、分析作業を割り当てるか？
5. 認知バイアスを避けながら、どのように問題を解決するための事実収集と分析を決めるか？
6. 洞察を引き出すために、どのように調査結果を統合するか？
7. どのように説得力のある形で伝えるか？

「重要な７つの問い」のサイドラインを引いた部分を抽出して示したのが次の**「完全無欠の７ステップ」**で、これは多くの企業で「問題解決の公式」として使われているメソッドです。

1. 問題を定義する
2. 問題を分解する
3. 優先順位づけをする
4. 作業計画を立てる
5. 分析をする
6. 分析結果を統合する
7. ストーリーで語る

同書は、マッキンゼーで最も読まれた「**伝説の社内資料**」を書籍化して公開したものということで、問題解決の王道がわかります。

人生のタイムパフォーマンス

幸せな人生のためのタイムパフォーマンスについて書かれているのが、『**仕事も人生も**

『うまくいく！　勝間式　タイムパフォーマンスを上げる習慣』（勝間和代著、宝島社）です。この本では、人生全体でタイムパフォーマンスをよくすることがその人の幸福度を決める、と提唱しています。

ですから、つねにタイムパフォーマンスを意識する必要があり、そのためのアドバイスを記しています。その中で、私が共感して実践しているのは以下です。

- **時間割引率の高い「飲酒」はやめる**
- **「運動」は時間割引率が低い（将来の時間をより重要にできる）**
- **ドルコスト平均法の投資を応用し、毎日の時間の2割を将来のために投資**
- **読書は時間の投資**
- **『7つの習慣』に学び、最優先事項を優先する**
- **健康でいることが時間投資にも重要**
- **移動は公共交通機関と徒歩（運動を兼ねる）**
- **寝る前に「時間の棚卸し」をする**
- **隙間時間読書法のススメ**

読書の効用を説いた本で、『知識を操る超読書術』（メンタリストＤａｉｇｏ著、かんき出版）も幸せな人生に役立つ名著です。この本では、常人と比べて50倍以上の知的生産性を身につけるため、次の３つからなる**「知識を操る読書のサイクル」**を実践することを勧めています。

1. 本を読む準備をする
2. 本の読み方を知る
3. 本から得た知識をアウトプットする

とくにアウトプットは重要です。

また、理解力と記憶力を高める５つの読み方として、以下の読書法を紹介しています。

私はいずれも実践しています。

◆**「予測」読み▽Predicting（プレディクティング）**
◆**「視覚化」読み▽Visualizing（ビジュアライジング）**

◆「つなげ」読み▽Connecting（コネクティング）
◆「要するに」読み▽Summarizing（サマライジング）
◆「しつもん」読み▽Questioning（クエッショニング）

タイムパフォーマンスについて、その定義から整理して現代の消費行動を考察しているのが、ニッセイ基礎研究所生活研究部研究員の廣瀬涼氏が書いた『タイパの経済学』（廣瀬涼著、幻冬舎新書）です。

この本では、タイパには次の3つの定義（タイパとしての性質）があると述べています。

1. 時間効率
2. 消費結果によって、かけた時間が評価される（消費後）
3. 手間をかけずに、〇〇の状態になる

これら3つの性質のうち、1の「**時間効率**」と3の「**手間をかけずに、〇〇の状態になる**」というタイパが、現代消費社会では主に追求されていると分析されています。それは、私たちの消費が**「必要不可欠ではない消費」**が中心で、かつ、**外部刺激を受けて必要に駆られる消費**が増えているためなのです。外部刺激を受けて必要に駆られるものを**「じゃないモノ消費」**と呼んでいますが、それはファスト映画や動画倍速視聴など、コンテンツが消化される形のタイパ追求です。

それに対して、**消費した使用価値によって精神的充足につながる消費**というものが本来はあって、大事なライフイベント、大切な人との時間を過ごすこと、自分自身の唯一無二の価値となる**精神的充足につながる消費**がそれにあたります。こうした消費におけるタイパが2の**「消費結果によって、かけた時間が評価される（消費後）」**ということなのです。

しかしながら、他人のSNS投稿や「じゃないモノ消費」に追われることによって、私たちは「精神的充足につながる消費」までも1や3のタイパを志向するようになりがちだ、と同書では指摘しています。

この本の結論として著者の廣瀬氏は最後に、「本当にあなたを満たすのは『じゃないモノ』ではない。そして、あなたが欲しいモノはあなた自身が知っているし、あなたしか知らない。自分が必要としているモノを大事にするために、『じゃないモノ』にはタイパやコスパを追求し、効率化を目指すことこそが現代消費社会をうまくわたっていくための術なのだ」、「なんでもかんでもタイパやコスパが追求されてしまうのは合理的ではあるが、味気ない」、「効率性や合理性を重視し、消費内容が簡素化すると『楽しさ』は目減りする。自身が楽しいと思える消費、自身の癒しとなっている消費は、大事にしていきたいものである」と述べています。まさにその通りだと納得できます。

仕事ができる人になるには

仕事ができる人になるためのステップをわかりやすく解説しているのが、『仕事ができる人が見えないところで必ずしていること』（安達裕哉著、日本実業出版社）です。この本は、実行力、とくにアウトプットにフォーカスして書かれていますが、冒頭で**「人生を変える６つのこと」**を挙げています。

1. 小さな習慣

2. 次の習慣に挑戦
3. 挫折したら次の習慣を設定
4. 他人のせいにしない
5. 人に親切にする
6. 人生を変えようと思う意志を持つ

同書では、さまざまな視点から**「仕事ができる人」**になるための行動が提示されていますが、私が実践してとくに大切だと感じたものを厳選して、以下に挙げます。

- ◆アウトプットを中心にスキルアップする
- ◆人生は有限なので、勇気を持って目標を決める
- ◆努力することで、人生は不安なく送れる
- ◆人生の貴重な時間を無駄にしない
- ◆会話のコツ2つ▽①相手の話したいことを聞いてあげる、②相手の聞きたいことを話す

◆**相手の趣味、好きなことを聞くのがコミュニケーションの極意**
◆**副業は「稼ぐ練習」で、考え抜き、修正して、やり続ける力が身につく**
◆**率先して行動し、トライ＆エラーを繰り返す**
◆**成果を出したときは「運がいいだけ」と考える**
◆**仕事は「自由」を手に入れ、独立のためにする**

最後に紹介するのは、よくわからないままに働き始めた20代、30代の会社員のために書いた、まさにタイトル通り**「働き方」**の教室とも言うべき本、**『藁を手に旅に出よう〝伝説の人事部長〟による「働き方」の教室』**（荒木博行著、文藝春秋）です。「付加価値」と「戦略的な働き方」についてわかりやすく説明しています。

同書は寓話の形式で、新人研修を想定して、若い会社員に向けてさまざまなメッセージを送っていますが、私も強く共感して「同じメッセージを送りたい」と感じたポイントを以下に紹介します。

◆**自分の得意なフィールドを戦略的に考えるべき**

- 戦略的＝「時間軸の長さ」×「論点の多さ」
- 努力には、①フィールドを選ぶ努力と、②フィールドで頑張る努力の2種類がある
- 「空気」に負けないために、「論理」を鍛えなければならない
- 真の大義は、「どういう世界を実現したいのか」という「世界観」がベース
- プレゼンは「目的」と「相手」の間にあるギャップを埋めるための「手段」
- マーケティングの本質は相手の「需要」を考え、つくり出すこと
- 相手の「需要」や「目的」は抽象的だから思いつきにくく、考える必要がある
- 付加価値があるかどうかを決めるのは「相手」、自分で勝手に決めない
- 需要があるところへ行けば、価値は高まる
- 自分の人生は自分で決める覚悟を持つ、人生の主導権を放さない

戦略的な働き方とキャリア形成のポイントがわかる本なので、オススメです。

Column 5 「幸せの実現」の名著ピックアップ

『目標や夢が達成できる 1年・1カ月・1週間・1日の時間術』（吉武麻子著、かんき出版）

この本は、せっかく見つけたやりたいことや目標、夢を実現していくために重要な「動く」「動き続ける」を、誰でも取り組めるように解説した本です。

著者の吉武麻子氏は、大学卒業後、旅行会社勤務を経て、26歳で韓国留学、その後、現地法人でキャスティングディレクターとして24時間365日仕事に追われる日々を過ごし、帰国後に「タイムコーディネート術」を考案して、延べ3000名以上に指南しました。現在は、心地よい時間の使い方で、ありたい未来をつかみにいくための「タイムコーディネート実践プログラム」や「タイムコーディネーター養成講座」を開講しているTIME COORDINATE株式会社代表取締役です。

この本で提唱しているコンセプトは、「ビジョンから長期目標へ、長期目標から短期目標へ、短期目標から今日やることへ」という**時間分割術**です。

まず前半では、**「目標達成は計画が8割」**として、目標達成に必要な3要素を次の通り提示しています。

1. 達成したくてしかたがない目標
2. 実行可能な計画
3. 未来を変える今すぐの行動

つまり、熱意のある目標を持って、実行できる計画に落とし込み、すぐに行動を起こして未来を変えるということがセットにならなければいけません。

そして、ここが本書の肝になる部分ですが、**ビジョン・長期目標・中期目標・短期目標・目の前の目標（通常、タスクと表現）**がすべてつながっていること。

そうした中で、「やらねば」という①義務的なマインド、②甘すぎる見積もり時間、③大きすぎるタスク、の3つには十分に注意しなければなりません。行動計画は8割程度の精度でつくり、目的意識と客観的視点を持って、行動しやすい計画を立てるのです。

著者の吉武氏は、**「人生というのは、日常の時間の積み重ねで作られている」**、すなわち**「充実した人生＝時間の使い方の手綱を自分で握ること」**という認識をベースに、単に仕事が計画通りに進むという範囲ではなく、人生全体のパフォーマンスを視野に入れて、ありたい未来をつかむ**「タイムコーディネート」**という考え方を提唱しています。

そうした前提のもとで、ビジョンから、長期目標（1年目標）、3カ月目標、1カ月目標、1週間目標、1日目標への分解について、以下のポイントを整理・説明しています。

- **ビジョンは「価値観の書き出し」**
- **長期目標は「得たい結果の書き出し」**
- **1年後にフォーカスして、「1年目標」を書き出す**
- **新年の目標は9割忘れる**
- **1年でできることを過大評価しない**
- **10年でできることを過小評価しない**

◆目標を立てたら後回しにせず、時代の流れを見る
◆1年目標を行動しやすい「3カ月目標」（中期テーマ）に分解する
◆最初の3カ月はとくに無理のない目標にする
◆目標や計画は動きながら修正する
◆理想の1日と現実のギャップを把握する
◆「緊急ではないが、重要なこと」をなるべく早くやる
◆目標や夢に向けた時間を優先的に確保する
◆取り組むタスクをあらかじめ用意しておく
◆朝一番に目標や夢に直結することに取り組む
◆計画が進まないときは、①目標、②時間、③行動の3つの視点で原因を探る
◆余白時間を大切にする
◆大切なときに決断できるように小さなことを習慣化する
◆睡眠、食事、運動の時間をしっかり確保する
◆この場所でこれをやるというワクワクを盛り込んで、複数の行動をセットにする
◆未来を変えるのは「今」の行動
◆毎日、週に一度、月に一度、3カ月に一度、振り返りの時間を取る
◆振り返りの3項目：①成果、②改善、③手放し（捨てる・任せる・緩める）

この本の締めくくりとして著者は、**「結果を出せる人と、出せない人の違いは何でしょうか？」**と問いかけています。それは、途中で諦めないか、諦めるかの違いです。つまり、**続けられるかが鍵**となるのです。**タイムコーディネートのキホンは、心地よく時間を使うこと**なのです。

第6章

Life Shift

ライフシフト

| 人生設計 | 人生の後半 |

| 生涯現役 | 生涯貢献 |

第5章に続き、第6章でも長期的な視点でメッセージを発信している本を取り上げます。人生100年時代のライフシフト戦略、人生後半の生き方、生涯現役などがテーマです。ずっと社会と関わり続け、役割を持って誰かの役に立つ人生期間を「貢献寿命」と呼ぶそうです。生涯貢献という生き方を目指すというコンセプトの本もあります。

人生は「時間のつかい方」そのものである、と述べている本も多く見られます。人生100年時代と言われるように、平均寿命が延びることによって、一生の間に実現できることの選択肢が増える一方で、人生の最終盤の過ごし方には大きな格差が生まれていることが、その背景にあります。

健康長寿で、生涯現役で、社会とつながって活動し続けるアクティブな高齢者が増えている一方、認知症や寝たきりで長く病院で過ごす高齢者もまた増えているのです。死ぬ瞬間に、「いい人生だったなあ」と思えるかどうかは、それまでの「時間のつかい方」にかかっていると言えるでしょう。

人生は限りある時間をどう使うか

人生は「時間のつかい方」の積み重ねであり、限りある時間をどう使うかが人生であると発信している本が、近年次々と出版されています。

『タイム・イズ・ノット・マネー 限りある時間を君たちはどう使うか？』（古川純著、ジー・ビー）は、限られた時間と氾濫する情報を効率よく選別するためには、**「創造リテラシー」**と**「金融リテラシー」**を獲得することが大切だと説き、そのためのメソッドを紹介しています。

「お金」よりも「時間」のほうがずっと大切だという結論をベースに、**「時間こそが人生だ」**と述べて、以下のポイントを提示しています。

- **タイパを上げるには「選択と集中」**
- **情報力（メディアリテラシー）とは、氾濫する情報を選択して自分で考え、未来を創造する力**

◆この世に起こることはすべて必然で必要、そしてベストのタイミングで起こる
◆好奇心を持って予測することで、より良い未来を発明できる
◆人生において最も大切なのは「時間」
◆運動×知識が最強、まずは行動、次に読書
◆選択と集中で効果的に時間を味方にする
◆「将来のゴール、未来の自分」をイメージして、バックキャスティング思考で
◆人生において何を優先し、重要視して時間を使うのか
◆人生は選択の連続
◆富裕層の習慣は、アウトプット中心の運動脳をフル活用した行動と読書
◆情報を選択するには知識を持っているか、賢く想像する必要がある
◆温和勤勉▽温和な心で情報を読み解き、思考を磨く
◆礼節がある人は幅広い人脈を持ち、出世が早い
◆個を強くする──自分自身の武器を磨く
◆「広く」外の大海を知り、「深く」空の世界を知ろう
◆創造力は想像力、Think different

◆人生の意義はどれだけ多くの者に良い影響を与えたか
◆思考しながら行動する（＝「考動」）
◆まずは行動、創造力の中で最も重要な要素は「行動」
◆やりたいことを21日間、頑張ってみると習慣になる
◆ファースト・ペンギンになれ
◆人生の最も偉大なつかい方は、人生が終わってもまだ続く何ものかのために人生を使うこと
◆お金は「目的」ではなく「手段」
◆頭の中の考えがその人の人生をつくる
◆お金から得られる最高の配当は、「選択肢」が広がり、「時間」と「自由」が得られること
◆自分のビジネス、つまり「自分の希少性」を持つ
◆時間とお金はトレードオフだが、時間を犠牲にしてはならない
◆投資は知識を磨くことでリターンの確率を高くし、お金に働かせる唯一の手段
◆人生の希望とは「自分よりも大事な存在ができること」

◆**希望は夢から創られる**
◆**教育▽自分への投資＝情報を選択し、知識で武器を磨く**
◆**勤労▽今ここを生きる＝一生懸命働いてみる**
◆**納税▽利他、他者のために行動する＝ルールを知って賢く生きる**

一見、ランダムに見えるこれらのポイントは、**「人生の限りある時間をどう使うか」**ということに関わるメッセージであり、他の多くの書籍でも共通に説明されているものです。この本でとくに繰り返し出てくるコンセプトは、「お金」を生み出せば、人生の選択肢が増えて自由になるので、**「金融リテラシー」**が大切だということ。そしてもう1つ、お金を生み出すには、新しいものを創り出す**「創造リテラシー」**を身につけること。「創造リテラシー」を高めるために、**「読書・行動・思考」**という手段を、表現を替えながら何度も発信しています。考えながら行動する**「考動」**という表現も出てきて、これは著者の造語ですが、そうした「時間のつかい方」が人生に大きな影響を与えることを伝えたいのです。

『限りある時間の使い方 人生は「4000週間」あなたはどう過ごすか?』（オリバー・バークマン著、かんき出版）も同じことを提唱しています。同書は、80歳まで生きるとしても4000週間しかない私たちの限られた時間について、いわゆるタイムマネジメントを解説するのではなく、**時間をできるだけ有効につかう**ために書かれた本です。

著者のオリバー・バークマン氏は、イギリスの全国紙ガーディアンの記者として、外国人記者クラブ（FPA）の若手ジャーナリスト賞などを受賞した気鋭のライターで、同紙で心理学に関する人気コラムを毎週執筆しています。

「効率を上げれば上げるほど忙しくなる、タスクをすばやく片づければ片づけるほど、ますます多くのタスクが積み上がる」という問題意識のもとで、私たちが「なぜ、いつも時間に追われるのか」「効率化ツールが逆効果になってしまう理由」を考察して、以下のポイントを指摘しています。

- **今を犠牲にし続けると、大事なものを失ってしまう**
- **思い通りにならない人生が、ただ一度きりのチャンス**
- **現実を直視することは、ほかの何よりも効果的な時間管理術だ**
- **限界を受け入れ、「何もかもはできない」と認めること**

◆効率化ツールはタスクを増やすことになり、逆効果
◆「もっと効率的にやれば忙しさから逃れられる」という希望を捨てる
◆インターネットはやりたいことを無限に増やそうとする厄介な代物
◆すべてを体験するのは不可能だという現実を受け入れる

これらは、「このくらいに考えておいたほうがいい」という、忙しさに巻き込まれないための心構えで、私もつねに心に留め、自分に言い聞かせています。

では、いったいどうすれば時間に追われない人生になるかということですが、可能性をあえて狭めたり、自分の中に敵がいると戒めたり、時間との戦いには勝ち目がないと覚悟するなどの処方箋を著者は示しています。

私が実践しているポイントは次の通りです。

◆タスクを上手に減らす
◆完璧主義者は身動きできない

◆選択肢は少ないほうがいい
◆時間と同じく、注意力にも限界がある
◆限りある人生をよりよく生きるためには、自身の内に潜む厄介な敵に注意
◆どんなに未来を心配しても、時間との戦いに勝てるわけがない
◆1日の困難は1日分あれば十分、明日のことを心配してはならない
◆人生には「今」しかない
◆「自分は今ここにいる」という事実に気づくこと
◆余暇を「無駄」に過ごすことこそ、余暇を無駄にしないための唯一の方法
◆何のためでもないことをする
◆時間のつかい方を外部から決めてもらったほうが、人は安心して生活できる
◆自分の存在を過大評価すると、「時間をうまく使う」ことのハードルが高くなってしまう
◆「それしかできない」ことをする

この本の全体を通して著者は、人生の時間の有限性を受け入れることを提唱していま

す。そのためにどんな心構えで生きるべきか、どんな言葉を自分にかければいいかを記していいます。確かに上記のように考えることで、私たちは限りある時間をどんな気持ちで過ごし、活用すればいいかがわかり、心の安定を取り戻すことができるでしょう。

人生はシンプルに設計する

限られた時間だからこそ、人生をシンプルに、合理的に設計したほうがいいと提唱しているのが、『シンプルで合理的な人生設計』（橘玲著、ダイヤモンド社）です。著者の橘氏は、複雑に変化する世の中を生き抜く知恵をさまざまな切り口から提案するベストセラー本を次々と世に送り出している作家です。

この本は、これまで出してきた提言の集大成とも言える「人生設計」の極意を伝授してくれるものです。自由な人生と幸福を実現するためには、**3つの資本「社会資本・人的資本・金融資本」**を人生の土台として合理的に選択することが大切だと説明します。「社会資本」とは人とのつながりのことです。具体的には、いざというときに頼ることができる、助けてもらえる「家族・友達・仲間」を指します。人脈形成のスキルと言えるでしょう。

「人的資本」とは、自分の労働力を提供してお金を稼ぐこと。いかにして働いてお金を稼ぐか、稼ぐための武器を身につけるかということ。キャリア形成のスキルと言えます。

最後の「金融資本」は、お金に働いてもらうこと。投資や資産運用のリテラシーを指し、資産形成のスキルになります。

この人生の土台となる「社会資本・人的資本・金融資本」の３つの資本をバランスよく構築できる人が成功者となり、幸せな人生を送れるということです。ただ、すべてを同時に獲得することは難しく、トレードオフの関係になることが多いので、私たちは「合理的な選択」をしながら人生の土台を設計していくことになります。

同書の結論は、**自分のパーソナリティに合った人生の土台の設計を行うべき**ということです。そのために行う「合理的な選択」のポイントを以下の通り、紹介・解説していきます。私も取り入れている指針を以下に挙げます。

◆人生はあらゆるトレードオフから構成されている

- ◆選択が少ないほど人生は豊かになる
- ◆選択を避ける最もシンプルな戦略は、お金持ちになること
- ◆良い選択とは、コスパとリスパ（リスクパフォーマンス）を最適化すること
- ◆タイパ（タイムパフォーマンス）の本質は、人間関係のコスト
- ◆満足度を最大化するのではなく、後悔を最小化する
- ◆睡眠こそ最も効果の高い成功法則
- ◆1日は24時間ではなく、10時間しかない
- ◆午後のカフェイン、アルコール、睡眠薬は睡眠の質を下げる
- ◆毎日25分の散歩で長生きできる
- ◆選択の結果は累積する
- ◆世帯年収1500万円と金融資産1億円からは幸福度が上がらない
- ◆最も効果的に幸福になる方法は、お金持ちになること
- ◆無意識は意識より賢い
- ◆脳にはバイアス（エラー）が多すぎて意識では対処できない
- ◆「習慣の力」が奇跡を起こす

◆**複雑系世界では、マキシマイザー、ミニマイザーよりサティスファイアーの戦略**

「**マキシマイザー**」とは、利益や成果を最大化しようという思考の人、「**ミニマイザー**」とは損失やリスクを最小化しようという思考の人です。どちらも複雑かつ急速に変化して予測がつかない現代社会では変化に対応していくのが難しく、ある程度のリスクに抑えながらある程度の成果に満足する思考の「**サティスファイアー**」になるのが成功する秘訣だということです。

最終的には人生の後半が大切で、最後に「よい物語」だったと考えられるかを基準に人生設計をしていくべきだというのが同書の結論で、まったく同感です。主なポイントは次の通りです。

◆**幸福とは、自分の人生を「よい物語」として語れること**
◆**成功とは、よい物語をつくれるような人生設計をすること**

- **脳は直近の出来事に強く影響され、人生も「終わりよければすべてよし」**
- **資産形成＝（収入－支出）＋（資産×運用利回り）**
- **株式への長期投資はプラスサムゲーム**
- **インデックス投資の優位性は、運用のことを考える必要がなく、タイパが高いこと**
- **成功者とは、自分の能力を効率的にマネタイズしている人**
- **人的資本は、働ける期間が長いほど大きくなり、生涯現役戦略は有効**
- **自分の能力が優位性を持つ市場を見つける**
- **大事なのは「若くして成功する」より、「人生の最後に成功する」こと**
- **情報や紹介を提供するギバーになる**
- **80年の人生でもたったの4000週間しかない、人生とは時間のつかい方そのもの**

プラスサムゲームとは、世界経済の成長が続いて株式マーケット全体が上がっていけば、株式投資をした全員がその恩恵を受けるというゲームで、Win-Winが成り立ちます。

それに対して、FXなど外国為替投資のようなゼロサムゲームとは、誰かの利益は誰かの損失でまかなわれ、全体としてはプラスマイナスゼロになるゲームを言います。やはり、プラスサムゲームに参加するのが鉄則でしょう。

私たちが人生で使える資源は限られているため、あることを選択すると、そのために資源を消費するから、別の選択をする資源が減ってしまうのです。最も合理的なのは、**「有限の資源を何に投じるかを最初から決めておくこと」**で、これが**「選択しない」という選択**なのです。

人生の後半が勝負

人生の後半が大切だと提唱している本が数多くあり、よく読まれています。人生100年時代と言われるようになった近年では、「50歳からの人生」にフォーカスしている本が最も多いのではないかと思います。

私が人生後半の設計をするに際して、最も大きな影響を受けた良書を5冊、ここでは紹介して、それらの本で共通して強調しているポイントを整理して解説します。
出版年月の古い順に挙げていきます。

『大橋巨泉「第二の人生」これが正解！人生80年時代「後半生」を楽しく生きるための10の選択』（大橋巨泉著、小学館）の著者・大橋巨泉氏（故人）は、私が若い頃から「憧れのライフスタイル」として心のメンター、手本にしてきた方です。テレビ界で人気番組をいくつも手掛けていた絶頂期の56歳で、突然セミリタイアを宣言して働き方を変えました。テレビへの露出を大きく減らし、「OKギフトショップ」という海外の土産店経営をメインにして、冬はオーストラリア・ニュージーランド、夏はカナダ、春と秋は短期間だけ日本に滞在という多拠点生活で、太陽の光を求めて国を移り住むライフスタイルは「ひまわり生活」と呼ばれていました。巨泉氏の自宅はもともと静岡県伊東市にあり、そこからテレビ番組収録のために泊まる都内のホテルとの2拠点生活をしていました。セミリタイア後は伊東市の自宅を売却して、海外へ行くのに便利な成田空港近くの千葉県大網白里町へ引っ越して、土産店がある海外都市との多拠点生活になったのです。

私は、57歳で会社員を卒業して「ひとり起業」した後、4年目から静岡県で伊東市より少し先にある東伊豆町に執筆の拠点として事務所を構え、自宅のさいたま市との2拠点生活を始めました。伊豆は温泉に毎日入れるし、魚がおいしく、海も山も近くて自然が豊かで、クリエイティブな仕事をするには最高の環境です。私の場合はセミリタイアではなくて、まだまだ現役で仕事をしている感覚ですが、会社員時代と比べて、ストレスは激減しました。温暖な気候が好きなので伊豆の気候は合っているし、いずれは夢として描いている常夏の島・ハワイでのロングステイを実現する準備を進めています。

『人生は図で考える　後半生の時間を最大化する思考法』（平井孝志著、朝日新書）の著者・平井氏は、50歳くらいのタイミングで誰にでも**「相転移」**という人生の転換期が訪れると述べています。自身の体験として、戦略コンサルタントから、筑波大学大学院ビジネスサイエンス系教授に転身した経験を「相転移」として紹介しています。

50歳までの前半生を「人生を構成していく時間」、50歳以降の後半生を「人生を統合し、味わう時間」と位置づけています。これまでの「広げる」思考から「深める」思考に重点を移していくのです。

また、第5章にも記載した「ジャネーの法則」をこの本では紹介していて、年齢を重ねるごとに短くなる「体感時間」を延ばし、長く充実した時間とするために、「相転移」によって新たなチャレンジをすることが大切だと述べています。

後半生の希少な時間をどう使うかについて、本書ではさまざまな思考法を勧めていますが、私が共感し、実践している思考法やポイントは以下の通りです。

- **人生の潮目を「相転移」で乗り越える「フェーズ思考」**
- **後半生は「考動」で意味づけする「センスメイキング思考」**
- **後半生の戦略とは、希少な時間の「配分」と「運用」がポイント**
- **「やるべき事」ではなく「やりたい事」に時間を配分する「ストラテジー思考」**
- **自分の強みこそ人生の針路とする「パーソナル・アンカー思考」**
- **好い加減（中庸）の尊さを知る「モデレイト思考」**
- **ジョン・F・ケネディ大統領の「Life is not Fair.」（人生は公平ではない）**
- **人生で大切なことは、現実が何かではなく、「自分がどうとらえるか」だ**
- **過去と未来はつながっている「ヒストリー思考」と客観化した主観の「サブジェ**

クティブ思考」
◆ライフチャートで人生を「見える化」
◆死の直前まで、インプットとアウトプットを繰り返すのが人の命の本質

これらの思考法をヒントにしながら、皆さんも50歳で訪れる「相転移」を活用して、人生後半に新たなチャレンジをすることで、体感時間を延ばす充実した時間のつかい方をしてみませんか。

『〝終身現役〟で生き抜くための条件 コロナ・ウクライナ後の心構えと行動』（田中真澄著、ぱるす出版）は、私が30代の頃から著書を読んで人生設計の参考にしてきた田中真澄氏の近著です。田中氏は、日本経済新聞社、日経マグロウヒル社（現・日経ＢＰ）を経て、43歳で独立してヒューマンスキル研究所を設立、以来44年間、社会教育家として講演・執筆に活躍、著書約１００冊、講演回数７０００回を超え、現在もモチベーショナル・スピーカーとして現役で活動しています。著書や講演のテーマは、独立した当初から変わることなく、**「人生１００年時代が来る」「終身現役の働き方」「人生の勝負は後半にあ**

り」で一貫しています。日経マグロウヒル社を立ち上げたときに、**アメリカのジェロントロジー（老年学）**に触れたのをきっかけに、**「終身現役の生き方」**を発信し続けて日本に広めていくことを使命として、自ら実践して活動しています。

この本のテーマも同じで、つねに時代の先を読み、多くの著書で繰り返し、次のポイントを提唱しています。

- **「勤勉」に徹して頑張る勇気、実行力、覚悟を持って生きる**
- **自分の生き方を世の中の動きとの関連でとらえていく視点を**
- **人生１００年時代、終身現役、人生の勝負は後半にあり**
- **人は習慣により創られる**
- **才能・技能・技術・資格より「徳」**
- **「徳は孤ならず、必ず隣あり」**
- **得手を磨く時代**
- **「一引き、二運、三力」**
- **生き甲斐が健康の源**

◆心構えは能力
◆続けることが力になる
◆悲観主義は気分、楽観主義は意志
◆早寝早起き・ウォーキング
◆好きなことを専門にする
◆専門性が希少性のある存在
◆継続は力なり
◆不可欠な家族の協力
◆決め手となるのが誠心誠意
◆勤勉にかなうものなし
◆夫婦協業こそ成功
◆個業の時代

これらのメッセージを著書でも講演でも繰り返し熱意を持って伝えるのが田中氏のスタイルで、私も30代の頃から30年以上、読んで聞いて実践してきました。どれも人生設計に多大な影響をもたらす名言であることは、私自身が身をもって体験しています。

『人生後半の戦略書 ハーバード大教授が教える人生とキャリアを再構築する方法』（アーサー・C・ブルックス著、SBクリエイティブ）は、なかなか自分では気づかないプロとしてのピーク時期とキャリアの下降という現実を認め、人生後半は別のルールで生きるべきだと提唱している本です。

人生後半を生き抜くために、以下のポイントを挙げています。

- 流動性知能から結晶性知能へ
- 「特別」になるよりも「幸福」になる
- 死ぬまで足し算を続ける生き方をやめる
- 必ずある「死」という終わりを受け入れる
- 損得勘定なしの人間関係を育む
- 信仰心を深める
- 自然体と過渡期の心構えを

５冊目は、『**精神科医が教える 50歳からの時間の使い方 セカンドライフがうまくいく！**』（保坂隆著、新星出版社）です。精神科医の立場から、健康寿命を少しでも延長するよう努力しつつ、この時期の人生を充実させてセカンドライフの意義を考えていこうと説いています。50代から行うセカンドライフの準備で私も実践した項目は以下の通りです。

- ◆**セカンドライフのテーマや課題を見つけるために「自分史」をつくる**
- ◆**セカンドライフを快適に過ごすには、社会と接点を持つ多様な働き方を**
- ◆**50代の10年間は「学ぶことそのものを目的」にする特別な時間**
- ◆**家庭内での役割分担を見直し、かかりつけ医を持って健康管理**
- ◆**年に一度は資金会議の時間を持ってお金の不安をなくす**
- ◆**会社や家庭以外の場所を持って「定年難民」を回避**

そのほかにもさまざまな心構えや準備について具体的に触れています。

自分のミッションに集中する

自分にとって大切なこと、やりたいこと、ミッション（使命）を見つけて、そこに集中して人生を設計することを説いている6冊を最後に紹介します。

それぞれメッセージの表現や手法は異なるものの、**「時間の使い方」に関するコンセプトは共通**しています。それは、「最も大切なこと」「最もやりたいこと」「ミッション（使命）」といった、自分が人生をかけて追求したいことを見つけ、そこに時間を集中しなさい、ということです。

『人生の100リスト』（ロバート・ハリス著、講談社＋α文庫）では、必ずやり遂げる100項目を書いた「人生リスト」を作成し、そこに注力しながら人生を楽しむことを提唱しています。

『人生を変える時間戦略』（青木仁志著、アチーブメント出版）は、**自分の「生きる目的」**すなわち、**「ミッション」**を持つことを強調しています。そして、自身の根本からくる思いを目標に落とし込み、どうしたら達成できるかを日々、考えながら生きることで、周りの環境、人脈などが変わって成就できると説いています。著者の青木氏が代表を務めるアチーブメント株式会社が開催する人気講座「頂点への道」は30年連続開催で延べ５万人以上が受講していますが、その中核をなす「目標達成」の考え方がこの本を読めばよくわかります。

『「ミッション」は武器になる　あなたの働き方を変える５つのレッスン』（田中道昭著、ＮＨＫ出版新書）も、自分だけの**「ミッション」**を見つけ、それを言葉にすることで、ブレない「武器」になることを説明しています。著者の田中氏が教授として提供している立教大学ビジネススクールの「白熱教室」を再現した内容になっています。

『ロングゲーム　今、自分にとっていちばん意味のあることをするために』（ドリー・クラーク著、ディスカヴァー・トゥエンティワン）は、自分にとって一番意味のあることをするには、長期の思考を身につけ、長期の人間関係を構築することだと提唱しています。

著者のドリー・クラーク氏は、「Thinkers 50」（2年に1度選ばれる世界の経営思想家トップ50）に2019年、2021年の2回選ばれている新進気鋭の経営思想家です。

具体的な考え方や行動の提言で、私が共感して取り入れているのは以下の通りです。

- **新しい挑戦に「20％の時間」を使う**
- **新しい分野に挑戦するタイミングは、うまくいっているとき**
- **人生のポートフォリオをつくる**
- **戦略的に「一点集中」する**
- **ネットワークづくりに大切なのは、「相手のために何ができるか」**
- **質の高い人たちと長期の人間関係を構築する**
- **自分が何に貢献できるか、よく考える**
- **とにかく打席に立ってバットを振る**
- **小さく始めること、目標を達成するための時間を知る**
- **目に見えない地道な努力を続けていれば、いつか指数関数的な成長を経験する**
- **長い時間軸で計画を立てる**

『ＹＯＵＲ ＴＩＭＥ ４０６３の科学データで導き出した、あなたの人生を変える最後の時間術』（鈴木祐著、河出書房新社）は、時間術は幸福度を高める技法としてとらえるべきと提唱しています。時間術に関するさまざまな科学データを分析したところ、世の中で言われている時間術は万人に共通するものではない、というのが結論です。要するに、１人ひとり異なる「自分を幸せにするもの」や「生きがい」に時間を使うべきだということです。

最後、６冊目に紹介するのは、**『やりたいことが絶対見つかる神ふせん』**（坂下仁著、ダイヤモンド社）です。この本は、「ふせん」を使って、頭の中にある**「やりたいこと」**を見つけ、夢をかなえることを目的に書かれた本です。

著者の坂下氏は、「ふせん」によって潜在意識の活用ができるようになり、人生が変わるほどのインパクトがあると、自身の体験から述べています。ふせんのパワーや使い方のポイントで、私も実践して効果を実感したものは以下の通りです。

◆ふせんはノート、手帳、パソコンのいいとこ取りをしたツール

- ふせんはアナログなのに、並べ替えや編集が瞬時にできる
- ふせんを使えば、「やりたいこと」を言葉にできる
- 人生の目的＝自分の価値観×世の中のニーズ
- 社会貢献を通じて自己実現することが人生の目的
- どこにでも貼れるから思考全体を見渡せる
- 思考と一緒に「貼り替え」られるから即座に「編集」できる
- 「捨てやすい」から書き漏れがなくなる
- 「小さい」から思考を短く言葉にできる
- 「紙面がむき出し」だからひらめきを一瞬で捕えられる
- 「やりたいこと」の真の正体は、稼げるライフワーク
- 「やりたいこと」は「お金」と切っても切れない
- ふせんを使えば、未来は思いのまま
- 「自分のため」を「誰かのため」にずらす
- 「やりたいこと」は趣味からも生まれる

あなたもぜひ、**ふせんを活用する**ことで潜在能力のパワーを引き出し、人生で**やりたいこと**を実現しませんか。

Column 6 「ライフシフト」の名著ピックアップ

『「人生が充実する」時間のつかい方 UCLAのMBA教授が教える〝いつも時間に追われる自分〟をやめるメソッド』

（キャシー・ホームズ著、翔泳社）

「人生が充実する」
時間のつかい方
HAPPIER
HOUR
やることを減らしても、時間は増えない。
時間をつくるには、時間をつかおう。

著者のキャシー・ホームズ氏は、時間のつかい方と幸福度の関係性を専門とし、主要な学術誌のほか、エコノミスト、ニューヨーク・タイムズ、ウォールストリート・ジャーナル、ワシントン・ポストなどに論文や記事が掲載されている、UCLAアンダーソン経営大学院教授です。

同書は、世界を飛び回って多数の講演をこなしてきた著者が、ある出張の日に、自身のあまりの忙しさに疑問を持ったことをきっかけに「時間のつかい方と幸せの関係」について深めた研究の集大成です。「いつも時間に追われている自分」をやめるメソッドなのです。

この本でまず興味深いのは、自分が自由に使える**「可処分時間」**が多ければ多いほどいいわけではないということ。時間が足りなすぎる問題だけでなく、**「時間がありすぎる問題」**があるのです。可処分時間がありすぎると、生産性を実感できず、目的意識ややりがいを手にすることができなくなってしまいます。さまざまなデータや研究論文から検証した**「ちょうどよい可処分時間」**は、**「1日に2時間から5時間」**でした。

そこで著者は、何とか1日2時間の可処分時間を確保できるライフスタイルに変えるため、ペンシルベニア大学ウォートン校を離れ、家族とともにカリフォルニア州の海の近くへ引っ越して、カリフォルニア大学ロサンゼルス校（UCLA）のアンダーソン経営大学院教授になりました。科目も「幸せ」について教えることにして、**「幸福学の人生デザインへの応用」**というコースをつくりました。本書は、その講座内容を読者に届けてくれるものです。

さらに、最適な可処分時間2〜5時間について、時間の長さだけが問題なのではなく、最も大切なのは、**得られた時間に何をするか**ということです。そこでこの本では「幸せな時間の使い方とは何か？」をさまざまな角度から考察しています。**「時間に意識を向けるほうが、幸福度が高まります。お金よりも時間を大切にする人は、日々をよりポジティブに感じており、人生にも満足している」**というのが研究の結論です。

幸せな時間のつかい方について、私が感銘を受けて実践しているポイントは以下の通りです。

- **時間的余裕を感じるには、①体を動かす、②親切を実践する、③畏敬の念を味わう**
- **体を動かすエクササイズは、1日30分の運動**
- **無作為に親切にするエクササイズは、1日1回は友達や知らない人を助ける**
- **畏敬の念とは、人との関わり・自然・芸術・人の偉業に触れること**
- **最も幸せな時間のつかい方は、家族や友人たちと交流すること、屋外に出て自然の中で過ごすこと**
- **最も幸せでない時間のつかい方は、通勤、家事、労働**
- **運動や睡眠を十分取ることで、気分が上がり、活動が楽しくなる**
- **人とのつながりが大きな幸せをもたらす**

◆通勤時間を楽しめる活動と抱き合わせる

◆残されている時間は限られており、貴重だと認識する

◆毎日、毎週の活動にバラエティを持たせる

◆「いまここ」に焦点を当てる

◆瞑想を実践することで、今という瞬間に意識を向けられる

◆集中力を削ぐもの（スマホ等）から自分を守る環境を作り、フロー状態に入る

◆有限である時間の中で、自分に喜びをもたらしてくれる活動を優先させる

◆幸せになれる活動を週全体に分散させる

◆時間を俯瞰することで、幸福感や満足感が高まる

◆大局的な見方のおかげで、一番幸せに感じる経験は何か、幸せをどう経験するかが歳とともに変化するのがわかる

◆人生の満足度を上げる唯一最大の予測因子は、自分を支える強力な人間関係

◆「した後悔」は長引かない、「しなかった後悔」は、引きずって人生最大の後悔に

そして、1日2時間の「幸せな時間のつかい方」を確保する最大のコツは、先にそのための時間を**「天引き」**してしまうこと。天引き貯蓄と同じように、予めスケジュールを決めてしまうこと、すなわち**「時間の天引き」**なのです。

おわりに

人生は「時間のつかい方」そのもの

本書を最後までお読みくださり、ありがとうございました。全編を通してお読みいただいた方は気づかれたかも知れませんが、第1章・第2章で取り上げた短期的な「仕事の基本」や「ワークライフバランス」が、第3章・第4章のテーマである中期的な「マインドセット」と「キャリア形成」につながり、ひいては第5章・第6章の長期的なテーマ「幸せの実現」「ライフシフト」の人生設計となって、私たちの人生を形づくるのです。

そういう意味では、人生は「時間のつかい方」そのものと言っていいでしょう。

私が**「座右の銘」**として、いつも心に刻み、思い出している言葉があります。

心が変われば行動が変わる
行動が変われば習慣が変わる
習慣が変われば人格が変わる
人格が変われば運命が変わる

アメリカの社会心理学者・ウィリアム・ジェームズ氏の言葉として私は知りましたが、多くの人が似た表現や意味の言葉を残していると言われています。イギリスのサッチャー元首相や、ヒンドゥー教の教えにも同じような言葉があるそうです。

この言葉の源流や、数多くの自己啓発本として、その主流である19世紀末のアメリカで出てきた「人生の成功の法則」「人生を豊かにする法則」「勝利の哲学」などに触れなながら、**「人生を豊かに、よりよく生きるための基本法則」**を紹介・解説しているのが、『人生を変える自分の磨き方 思考・言葉・行動・習慣・人格・運命の法則』（野口吉昭著、かんき出版）です。最後の100冊目として、この本を紹介します。

著者の野口吉昭氏は、横浜国立大学工学部大学院工学研究科建築学課程修了の後、建築設計事務所、ビジネスコンサルティング会社を経て、人材開発コンサルティング会社の株式会社HRインスティテュートを創業し、現在は同社フェロー、エグゼクティブ・コンサルタントですが、数多くのビジネス書を世に送り出しています。

野口氏の本を読めば、私が「座右の銘」にしている、この言葉の持つ深い意味も理解していただけるのではないかと思います。私が野口氏の本から受け止めたポイントは次の通りです。

- **思考が言葉になる**
- **夢とビジョンを考え続ける、思い続けることが豊かな人生のスタート**
- **主体的な思考の量と質が創造性を発揮させる**

◆良い思考を続ければ、良い言葉が出てくる
◆優れたリーダーは、言葉に体温と体重をのせている
◆定期的に、自分の口癖を棚卸しする
◆良い言葉を発し続ければ、良い行動につながる
◆「着眼大局、着手小局」の思考・言葉・行動が基本
◆プロとは、つねに準備している人のことを言う
◆自己責任の中での行動ができることを「自由」と言う
◆行動の前提は、目的と目標の明確化から
◆大好きなことを1万時間続ければ、その道の「一流」になれる
◆行動を継続すると、それは習慣になっていく
◆神は細部に宿る
◆行動の目的・目標・手段を整理すると良い習慣づくりにつながる
◆豊かな人生づくりの三要素とは、「時間」「学習」「人」である
◆継続によって習慣にパワーがつき、やがて魔法になる
◆良い習慣が人格の素をつくる

◆生きることの目的は、人格を高めて周りを幸せにすること
◆人生において最も大切なとき。それはいつも「今」
◆「自分の人生〜運命のロードマップ」を描くことで、自分の思考・言葉・行動・習慣の棚卸しができる
◆人格を下げるのに時間はかからない。人格を上げるのには膨大な時間が必要
◆人格を磨くことができれば、その人の運命は良い方向に進んでいく
◆どんな運命も、まずは素直に受け入れるべきである
◆運命を超えるには、できるだけ「フォーカス&ディープ」する生き方をしたほうがよい

これで、「すごい時間のつかい方」の旅は終わりです。皆さんの心に響くキーワード、キーフレーズが1つでもあり、皆さんの人生を変える名著との出会いがあり、それが皆さんの「時間のつかい方」を変える一歩になったとしたら、著者としてこれ以上の幸せはありません。

最後になりましたが、本書の企画当初から執筆の最後まで、並走して素晴らしいアイ

デアや助言をくださったＷＡＶＥ出版編集部の福士祐さんに、心からの感謝を申し上げます。

２０２４年１月　東伊豆町の事務所にて

大杉潤

「すごい時間のつかい方」のビジネス書100冊

＊本書紹介順

はじめに

① 『第4の波 大前流「21世紀型経済理論」』大前研一（2023年2月、小学館）

第1章 仕事のキホン

② 『残業ゼロ！ 仕事が3倍速くなるダンドリ仕事術 デキル人が実践している77TIPS』吉山勇樹（2008年12月、明日香出版社）

③ 『仕事の「質」と「スピード」が上がる仕事の順番』田中耕比古（2023年3月、フォレスト出版）

④ 『無駄ゼロ、生産性を3倍にする 最速で仕事が終わる人の時短のワザ』伊庭正康（2022年4月、明日香出版社）

⑤ 『なぜ、あなたの仕事は終わらないのか スピードは最強の武器である』中島聡（2016年6月、文響社）

⑥ 『佐藤可士和の超整理術』佐藤可士和（2011年4月、日経ビジネス人文庫）

⑦ 『なぜか仕事が早く終わらない人のための 図解超タスク管理術』佐々木正悟（2022年7月、あさ出版）

⑧ 『仕事に追われない仕事術 マニャーナの法則 完全版』マーク・フォースター（2016年10月、ディスカヴァー・トゥエンティワン）

⑨ 『SINGLE TASK 一点集中術「シングルタスクの原則」ですべての成果が最大になる』デボラ・ザック（2017年8月、ダイヤモンド社）

⑩ 『時間最短化、成果最大化の法則 1日1話インストールする〝できる人〟の思考アルゴリズム』木下勝寿（2022年11月、ダイヤモンド社）

⑪ 『世界一の生産性バカが1年間、命がけで試してわかった25のこと』クリス・ベイリー（2017年9月、TAC出版）

⑫ 『生産性 マッキンゼーが組織と人材に求め続けるもの』伊賀泰代（2016年11月、ダイヤモンド社）

13 『デッドライン仕事術 すべての仕事に「締切日」を入れよ』吉越浩一郎（2014年3月、祥伝社黄金文庫）

14 『毎日定時で帰っても給料が上がる時間のつかい方をお金のプロに聞いてみた！』井ノ上陽一（2016年6月、サンマーク出版）

15 『本当は大切なのに誰も教えてくれないVUCA時代の仕事のキホン』河野英太郎（2019年3月、PHP研究所）

16 『佐藤優直伝！ 最強の働き方』佐藤優（2019年8月、自由国民社）

17 『世界で一番シンプルな時間術［新装版］』マリオン＆ヴェルナー・ティキ・キュステンマッハー（2016年3月、ディスカヴァー・トゥエンティワン）

18 『47原則 世界で一番仕事ができる人たちはどこで差をつけているのか？』服部周作（2016年7月、ダイヤモンド社）

第2章 ワークライフバランス

19 『自分の時間 1日24時間でどう生きるか』アーノルド・ベネット（2016年5月、三笠書房）

20 『自分の時間を取り戻そう ゆとりも成功も手に入れられるたった1つの考え方』ちきりん（2016年11月、ダイヤモンド社）

21 『「捨てる」思考法 結果を出す81の教え』出口治明（2022年8月、毎日新聞出版）

22 『大切なことだけやりなさい』ブライアン・トレーシー（2016年7月、ディスカヴァー・トゥエンティワン）

23 『プレイングマネジャー「残業ゼロ」の仕事術』小室淑恵（2018年9月、ダイヤモンド社）

24 『マッキンゼーで当たり前にやっている働き方デザイン』大嶋祥誉（2022年3月、知的生きかた文庫）

25 『あなたの1日は27時間になる。「自分だけの3時間」を作る人生・仕事の超整理法』木村聡子（2015年12月、ダイヤモンド社）

26 『超DX仕事術』相馬正伸（2022年6月、サンマーク出版）

27 『髙橋洋一式「デジタル仕事術」』髙橋洋一（2021年4月、かや書房）

28 『「超」創造法 生成AIで知的活動はどう変わる？』野口悠紀雄（2023年9月、幻冬舎新書）

29 『行動が結果を変える ハック大学式 最強の仕事術』ハック大学ぺそ（2020年12月、ソシム）

30 『「結局、何が言いたいの？」と言われない 一生使える「1分で伝わる」技術』沖本るり子（2023年7月、大和出版）

31 『時間術大全 人生が本当に変わる「87の時間ワザ」』ジェイク・ナップ、ジョン・ゼラツキー（2019年6月、ダイヤモンド社）

32 『結果を出す人は「修正力」がすごい！「1」が「10」になる働き方』大西みつる（2023年5月、知的生きかた文庫）

33 『1440分の使い方 成功者たちの時間管理15の秘訣』ケビン・クルーズ（2017年8月、パンローリング）

第3章 マインドセット

34 『マインドセット「やればできる！」の研究』キャロル・S・ドゥエック（2016年1月、草思社）

35 『結局、「すぐやる人」がすべてを手に入れる』藤由達藏（2018年12月、青春文庫）

36 『「後回し」にしない技術「すぐやる人」になる20の方法』イ・ミンギュ（2021年1月、文響社）

37 『すぐやる！「行動力」を高める“科学的な”方法』菅原洋平（2016年7月、文響社）

38 『どんなことでも「すぐやる」技術 クリエイティブな仕事も嫌な仕事も即実行できる仕組みの作り方』石川和男（2023年7月、Gakken）

39 『やる気に頼らず「すぐやる人」になる37のコツ 科学的に先延ばしをなくす技術』大平信孝（2021年10月、かんき出版）

40 『戦略的思考トレーニング 目標実現力が飛躍的にアップする37問』三坂健（2021年11月、PHPビジネス新書）

41 『「具体⇅抽象」トレーニング 思考力が飛躍的にアップする29問』細谷功（2020年3月、PHPビジネス新書）

42 『知識とスキルを最速で稼ぎにつなげる 大人の学び直し』清水久三子（2023年4月、知的生きかた文庫）

43 『映画を早送りで観る人たち ファスト映画・ネタバレ――コンテンツ消費の現在形』稲田豊史（2022年4月、光文社新書）

44 『脳のパフォーマンスを最大まで引き出す 神・時間術』樺沢紫苑（2017年4月、大和書房）

45 『いつも「時間がない」あなたに 欠乏の行動経済学』センディル・ムッライナタン、エルダー・シャフィール（2017年1月、ハヤカワ文庫）

46 『7つの習慣 成功には原則があった！』スティーブン・R・コヴィー（1996年12月、FCEパブリッシング）

47 『仕事が早く終わる人、いつまでも終わらない人の習慣』吉田幸弘（2019年6月、あさ出版）

48 『「すぐやる」よりはかどる！ 仕事を「短くやる」習慣』山本大平（2023年6月、クロスメディア・パブリッシング）

49 『科学的に「続ける」方法「習慣化」できる人だけがうまくいく。』内藤誼人（2023年9月、総合法令出版）

50 『ジェームズ・クリアー式 複利で伸びる1つの習慣』ジェームズ・クリアー（2019年10月、パンローリング）

第4章 キャリア形成

51 『向いてる仕事」を見つけよう「人の役に立つ12の資質」から自分の強みがわかる』トム・ラス（2021年5月、ダイヤモンド社）

52 『世界のエリートはなぜ「美意識」を鍛えるのか？ 経済における「アート」と「サイエンス」』山口周（2017年7月、光文社新書）

53 『Think CIVILITY「礼儀正しさ」こそ最強の生存戦略である』クリスティーン・ポラス（2019年6月、東洋経済新報社）

54 『RANGE 知識の「幅」が最強の武器になる』デイビッド・エプスタイン（2020年3月、日経BP）

55 『100万人に1人の存在になる方法 不透明な未来を生き延びるための人生戦略』藤原和博（2019年12月、ダイヤモンド社）

56 『これから市場価値が上がる人 自分だけの強みが見つかる41の考え方』北野唯我（2023年3月、ポプラ新書）

57 『会社のなかの「仕事」社会のなかの「仕事」資本主義経済下の職業の考え方』阿部真大（2023年4月、光文社新書）

58 『キャリア弱者の成長戦略』間中健介（2023年6月、新潮新書）

59 『多動力』堀江貴文（2019年4月、幻冬舎文庫）

60 『働き方 完全無双』ひろゆき（2021年8月、だいわ文庫）

61 『佐久間宣行のずるい仕事術』佐久間宣行（2022年4月、ダイヤモンド社）

62 『誰とでもどこでも働ける 最強の仕事術』山葉隆久（2023年3月、自由国民社）

63 『伴走するマネジメント』和田真二（2023年8月、自由国民社）

64 『相手に「やりたい！」「欲しい！」「挑戦したい！」と思わせるムズムズ仕事術』市川浩子（2023年10月、あさ出版）

65 『フラット・マネジメント「心地いいチーム」をつくるリーダーの7つの思考』電通若者研究部 ワカモン（2023年7月、エムディエヌコーポレーション）

66 『「言葉にできる」は武器になる。』梅田悟司（2016年8月、日本経済新聞出版）

67 『瞬時に「言語化できる人」が、うまくいく。』荒木俊哉（2023年4月、SBクリエイティブ）

68 『アウトプット思考 1の情報から10の答えを導き出すプロの技術』内田和成（2023年6月、PHP研究所）

第5章 幸せの実現

69 『「成功曲線」を描こう。 夢をかなえる仕事のヒント』石原明（2007年1月、大和書房）

70 『「夢を手に入れる」人がやっている時間術』aya（2022年2月、自由国民社）

71 『仕事の量も期日も変えられないけど、「体感時間」は変えられる』一川誠（2022年7月、青春出版社）

72 『限られた時間を超える方法』リサ・ブローデリック（2023年1月、かんき出版）

73 『成功は時間が10割』百田尚樹（2022年5月、新潮文庫）

74 『幸せに働くための30の習慣 社員の幸せを追求すれば、会社の業績は伸びる』前野隆司（2023年12月、ぱる出版）

75 『新しい働き方 幸せと成果を両立する「モダンワークスタイル」のすすめ』越川慎司（2016年11月、講談社）

76 『「キーエンス思考」×ChatGPT時代の付加価値仕事術』田尻望（2023年10月、日経BP）

77 『ビジネスエリートになるための 投資家の思考法 The Investor's Thinking』奥野一成（2022年9月、ダイヤモンド社）

78 『完全無欠の問題解決 不確実性を乗り越える7ステップアプローチ』チャールズ・コン、ロバート・マクリーン（2022年9月、ダイヤモンド社）

79 『仕事も人生もうまくいく！ 勝間式タイムパフォーマンスを上げる習慣』勝間和代（2023年2月、宝島社）

80 『知識を操る超読書術』メンタリストDaiGo（2019年11月、かんき出版）

81 『タイパの経済学』廣瀬涼（2023年9月、幻冬舎新書）

82 『仕事ができる人が見えないところで必ずしていること』安達裕哉（2023年10月、日本実業出版社）

83 『藁を手に旅に出よう “伝説の人事部長”による「働き方」の教室』荒木博行（2020年9月、文藝春秋）

84 『目標や夢が達成できる 1年・1カ月・1週間・1日の時間術』吉武麻子（2023年10月、かんき出版）

第6章 ライフシフト

85 『タイム・イズ・ノット・マネー 限りある時間を君たちはどう使うか?』古川純（2023年5月、ジー・ビー）

86 『限りある時間の使い方 人生は「4000週間」あなたはどう過ごすか?』オリバー・バークマン（2022年6月、かんき出版）

87 『シンプルで合理的な人生設計』橘玲（2023年3月、ダイヤモンド社）

88 『大橋巨泉「第二の人生」これが正解! 人生80年時代「後半生」を楽しく生きるための10の選択』大橋巨泉（2013年4月、小学館）

89 『人生は図で考える 後半生の時間を最大化する思考法』平井孝志（2022年10月、朝日新書）

90 『"終身現役"で生き抜くための条件 コロナ・ウクライナ後の心構えと行動』田中真澄（2022年11月、ぱるす出版）

91 『人生後半の戦略書 ハーバード大教授が教える人生とキャリアを再構築する方法』アーサー・C・ブルックス（2023年2月、SBクリエイティブ）

92 『精神科医が教える 50歳からの時間の使い方 セカンドライフがうまくいく!』保坂隆（2023年6月、新星出版社）

93 『人生の100のリスト』ロバート・ハリス（2008年5月、講談社+α文庫）

94 『人生を変える時間戦略』青木仁志（2009年7月、アチーブメント出版）

95 『「ミッション」は武器になる あなたの働き方を変える5つのレッスン』田中道昭（2018年6月、NHK出版新書）

96 『ロングゲーム 今、自分にとっていちばん意味のあることをするために』ドリー・クラーク（2022年7月、ディスカヴァー・トゥエンティワン）

97 『YOUR TIME 4063の科学データで導き出した、あなたの人生を変える最後の時間術』鈴木祐（2022年10月、河出書房新社）

98 『やりたいことが絶対見つかる神ふせん』坂下仁（2023年11月、ダイヤモンド社）

99 『「人生が充実する」時間のつかい方 UCLAのMBA教授が教える"いつも時間に追われる自分"をやめるメソッド』キャシー・ホームズ（2023年10月、翔泳社）

おわりに

100 『人生を変える自分の磨き方 思考・言葉・行動・習慣・人格・運命の法則』野口吉昭（2018年9月、かんき出版）

大杉 潤 Jun Osugi

1958年東京都生まれ。フリーの研修講師、経営コンサルタント、ビジネス書作家。早稲田大学政治経済学部を卒業、日本興業銀行に22年間勤務したのち東京都に転職して新銀行東京の創業メンバーに。人材関連会社、グローバル製造業の人事・経営企画の責任者を経て、2015年に独立起業。

年間300冊以上のビジネス書を新入社員時代から40年間読み続け、累計12000冊以上を読破して、3300冊以上の書評をブログに書いて公開している。

静岡放送SBSラジオ『IPPO』に毎月レギュラー出演。

著書に『50代 お金の不安がなくなる副業術』（エムディエヌコーポレーション）、『定年起業を始めるならこの1冊！ 定年ひとり起業』、『定年後のお金の不安を解消するならこの1冊！ 定年ひとり起業マネー編、『定年前後の生き方の悩みを解消するならこの1冊！ 定年ひとり起業生き方編』（以上、自由国民社）、『定年後不安 人生100年時代の生き方』（角川新書）、『入社3年目までの仕事の悩みに、ビジネス書10000冊から答えを見つけました』（キノブックス）がある。

公式WEBサイト　http://jun-ohsugi.com/

12000冊のビジネス書を読んで試した経営コンサルが
名著100冊から
「すごい時間のつかい方」を抜き出して
1冊にまとめました

2024年3月19日　第1版第1刷発行

著者　大杉 潤
発行所　WAVE出版
〒102-0074 東京都千代田区九段南3-9-12
TEL 03-3261-3713　FAX 03-3261-3823
振替 00100-7-366376
E-mail：info@wave-publishers.co.jp
https://www.wave-publishers.co.jp
印刷・製本　中央精版印刷株式会社

NDC159　223p　19cm　ISBN978-4-86621-480-1